可复制的营销力

谢小玲 著

北京大学出版社

内 容 提 要

本书所介绍的营销力与传统的营销观念不同,涵盖了产品、品牌和销售三大范畴。作者将产品力、品牌力和销售力进行组合,形成了系统的营销力框架。同时将经典理论与多年的实践经验相结合,总结出了一套关于如何打造产品力、品牌力、销售力的清晰易懂、简单可行的法则。

第一章介绍如何打造可复制的营销力;第二章介绍营销力之本,提出打造强势产品力的"331"法则;第三章介绍营销力之魂,通过优势品牌成就强大的品牌力;第四章介绍营销力之道,提出绩效增长的"331"法则;第五章介绍营销力的终极目的,获得持续的增长力;第六章介绍营销人应具备的自我修养;第七章介绍"三力驱动模型",用于成功调动团队;第八章介绍营销力实战,结合实战案例进行分析,便于读者理解和复制。

读者可以了解、体验并实际运用本书中所提及的法则和思维模式,完成营销力的复制,最终提升团队的营销力。

图书在版编目(CIP)数据

可复制的营销力 / 谢小玲著. — 北京:北京大学出版社,2021.4
ISBN 978-7-301-32021-1

Ⅰ. ①可… Ⅱ. ①谢… Ⅲ. ①营销管理 Ⅳ. ① F713.56

中国版本图书馆 CIP 数据核字(2021)第 034246 号

书　　名	可复制的营销力
	KE FUZHI DE YINGXIAOLI
著作责任者	谢小玲　著
责任编辑	张云静　孙宜
标准书号	ISBN 978-7-301-32021-1
出版发行	北京大学出版社
地　　址	北京市海淀区成府路 205 号　100871
网　　址	http://www.pup.cn　　新浪微博:@北京大学出版社
电子信箱	pup7@pup.cn
电　　话	邮购部 010-62752015　发行部 010-62750672　编辑部 010-62570390
印 刷 者	北京鑫海金澳胶印有限公司
经 销 者	新华书店
	787毫米×1092毫米　16开本　15印张　220千字
	2021 年 4 月第 1 版　2021 年 4 月第 1 次印刷
印　　数	1-6000 册
定　　价	59.00 元

未经许可,不得以任何方式复制或抄袭本书之部分或全部内容。
版权所有,侵权必究
举报电话:010-62752024　电子信箱:fd@pup.pku.edu.cn
图书如有印装质量问题,请与出版部联系,电话:010-62756370

序

这是一个营销至上的时代。

现实生活中,广告铺天盖地;打开手机,看到的都是营销信息。为什么会出现这样的情况呢?主要有以下两个原因。

(1)目前绝大多数市场是供大于求。如果做不好营销,就会让自己的产品淹没在信息流之中,甚至导致企业无法经营下去。

(2)消费者的注意力变得越来越宝贵。商家需要通过营销使产品在消费者的心中占据一席之地,从而促进持续购买和产品传播。

这也是一个过度营销的时代。

这么多的广告,有几个给你留下了印象?这么多的产品,有几个在你的心中真正占有一席之地?绝大部分的营销信息,其实都是无效或者低效的。

那么,如何做好营销这件事呢?这本《可复制的营销力》,让我感到眼前一亮。一般讲营销的书,都是单纯从营销的角度出发,来把营销这件事情讲好。但本书思考得更加全面和深入,它从三个维度来分析营销的相关问题。

第一个维度,它谈的是营销的根本——产品,好产品才能够带来好营销。

来看两个案例。

一是陶华碧的老干妈。

我相信很多人都没有看过老干妈的广告,那为什么老干妈会火遍大江南北,甚至卖到了国外?因为它的核心就是产品,好产品会说话。

那为什么现在老干妈又没有那么火了?也是因为产品,因为产品的品质出现了波动。

二是小罐茶。

小罐茶的广告超级棒,是近年来为数不多能打动我的广告之一。

为什么小罐茶的广告能打动人?因为其营销的核心是做产品的匠心和极致

之道。正是因为有这种匠心和极致，才形成了营销上的宣传亮点，才能打动更多的消费者。

所以，营销的根本是产品。没有好产品的支撑，那营销就是"挂羊头，卖狗肉"。产品是1，营销是1后面的0。没有产品，再多的营销也是0。

第二个维度，它谈的是营销的魂——品牌，没有品牌，就无法实现持续的营销。

作为消费者，如何判断谁家的产品好，谁家的服务棒？一点点去比较、去研究吗？那样太费劲，也不可能。能帮助我们快速做出判断的，是这个品牌在我们心目中的地位。

买可乐，你买谁的？可口可乐、百事可乐。

点外卖，你上哪里点？美团、饿了么。

通过直播买口红、化妆品，你找谁？李佳琦、薇娅。

产品要有产品的品牌，企业要有企业的品牌，个人也要有个人的品牌。不以建立品牌为根本的营销是无法持续的。

第三个维度，它谈的是营销的道——团队，没有团队，就无法实现营销的转化。

光靠有一个好点子、好创意，拍一支好的广告，就能实现有效营销？这不现实。

一个人的英雄时代已经过去了，营销的背后是一个团队。从营销到销售的转化，更需要一个团队来支撑。李佳琦、薇娅直播的时候，看似只有几个人，但其实背后都是超过百人的团队在运作。没有强有力的团队，一切都无法做到。

不要迷信一个人可以成为一个团队的说法。一个人真的可以什么都做好吗？那是不合理的。那只是在事业规模小时不得已而为之的做法，根本不可能做大做强。

一本书，关键要有自己的观点和思考，很开心看到本书做到了。阅读本书，对你认识营销力、提升营销力都会有启发和帮助。衷心祝愿各位读者能通过本书，帮助自己和企业做好营销。

波波羊

前言
我们都是营销人

我刚接手长沙绿叶生物科技有限公司（以下简称长沙绿叶）中原市场的时候，这里刚经历了一场变故，原来的负责人销售了一套竞品，带走了部分地区经理和经销商合作伙伴。如果用八个字来形容当时中原团队的状况，那就是"军心不稳，七零八落"。

我深刻地记得，我是如何怀着忐忑不安的心情踏上郑州这片土地的。当时，我才被派到沈阳，负责筹备建立沈阳办事处，沈阳的工作刚刚理顺，蒋政云董事长就坐飞机来到沈阳，跟我说公司决定调我去郑州担任长沙绿叶的中原区总经理。我百般推托，因为我害怕自己不能胜任，也害怕走出舒适区去挑战未知的困难。蒋董事长离开沈阳的时候，我还写了一封信塞进他乘坐的出租车里，信里的内容大致都是推托的理由，现在想来还有点可笑。然后我接到了蒋董事长的电话，他简短地说了一句："收拾行李，5月26日去郑州报到。"

就这样，我硬着头皮当上了长沙绿叶中原区总经理。那一年，我23岁。

经过十余年的努力，中原区从几个人的销售团队发展到几十个人，营销经理团队400余人，业绩增长了100倍，销售额超过两亿。在动物保健品添加剂这个领域，中原区业绩做到如此，算是不错的成绩，当然，与一些卓越的前辈相比，还需继续努力。

回想这十余年的经历，我挫败过、流泪过、煎熬过，也想过放弃，但庆幸的是，我内心的原则和信念使我坚持了下来。如今，所有的艰难困苦都化成了眼角的皱纹和心里的故事，这些故事让我变得更加稳重。在此，要特别感谢蒋政云董事长当年的果断决定，也感谢陈孝珊老师、文利新老师等专家老师的关怀与信任，知遇之恩，必当涌泉相报。

总结我这些年在营销管理上所做的事情，主要归纳为三点：打造了一支学习型团队、形成了一种团队文化共识、建立了一套组合营销模式。

1. 打造了一支学习型团队

2013年，公司决定创立企业内部学习平台——绿叶学院，由我担任执行院长，组织团队开展学习活动，提升团队的学习力与竞争力，助力营销伙伴们打造当地"影响力第一"的市场。**学习力带来竞争力**，在这个过程中，我看到了很多伙伴的蜕变与成长。我一直坚信：**每个人都应当是自己事业的主人。"授人以鱼不如授人以渔"，对团队成员最好的支持就是帮助他们掌握服务客户、经营事业的本领，学到自己脑子里的东西谁也拿不走**。现在，我们整个团队的学习氛围都很浓，学习已经成了我们工作与生活的一部分。

曾经有朋友问我："你们投入那么多的财力和精力培训营销人员，就不怕他们能力强了被挖走吗？那岂不是给别人做了嫁衣？"我的回答是："他们在这里获得了成长，变成了更好的自己，他们不会轻易离开的。即使有些人离开了我们这个团队，他们也不会把我们当敌人。而且，他们将所学服务于客户，也是在为行业做贡献，何乐而不为呢？"

我常常会想：对于我来说，什么才是成功？也许，就是能集合一群志同道合的人，为了共同的目标而努力奋斗，而且在奋斗的过程中，每个人都实现了自己的成长目标与财富目标。

2. 形成了一种团队文化共识

我所在的长沙绿叶是一家具有深厚文化底蕴的现代企业组织，在公司文化的基础之上，我总结了我们团队的十六字方针，作为团队成员合作共事的行为准则，即：诚朴勇毅，团结向上，善于学习，乐于分享。

诚朴：诚实守信，一诺千金，淳朴简单，表里如一。

勇毅：勇敢坚毅，刚正不阿，直面挑战，从中获益。

团结：坦诚沟通，彼此信任，不做内耗，一致对外。

向上：自信自立，承担责任，乐观豁达，自觉自律。

善于学习：自我批判，自我觉醒，刻意练习，终身成长。

乐于分享：感恩谦逊，利人利己，真诚交流，共同进步。

一个团队之所以有凝聚力，绝不仅仅是利益和目标的一致，更重要的是价值观的相互认同与融合。团队文化作为团队的一种价值符号和个性特征，需要每个成员用行动去践行。

3. 建立了一套组合营销模式

我将长沙绿叶的企业营销模式总结为五个方面，供我们的营销团队学习，包括：价值营销——以客户为中心；渠道营销——事业经理人制；网络营销——线上线下合作；品牌营销——实现定位为王；文化营销——使命驱动发展。其中，价值营销是核心，是营销系统的心脏，为客户创造价值是营销的本质；渠道营销和网络营销是通路，是营销系统的骨骼；品牌营销是内涵，是营销系统的血肉；文化营销是灵魂，是营销系统的思想。

回到此书，为什么我会有写这本书的想法呢？虽然我只是一个很普通的营销人，我所在的长沙绿叶目前也还没有达到像华为、格力、阿里巴巴那样的规模，但是我相信，在中国，更多的企业是像我们公司这样怀抱梦想、在自己的专业领域努力成长的民营企业，更多的营销人是像我和我的团队伙伴一样，没有背景、靠自己的双手拼搏立足的奋斗者。我们都有一个共同之处，那就是——我们都是营销人，都在自己所在的平台上努力创造价值，成为更优秀的自己，同时，也推动着所服务的企业走向卓越。因此，我想把一些有价值的经验分享给朋友们。

感谢我的团队伙伴们一路走来的真诚陪伴、携手同行，是你们的倾情参与，让我的成长之路更加精彩。

感谢刘月珍、梁宁对本书所做的贡献，与我一起完成了此书，让它更加精彩和珍贵。尤其是我的爱人梁宁先生，他在工作中给了我很多创意与灵感，同时也给予我写此书的动力，并且在出版方面给了我很多帮助和建议。你们是我人生路上的老师，也是我并肩作战的朋友！

以此书作为对我职业生涯的阶段性总结，献给我所服务的企业，也致敬我的青春年华。前路漫漫，愿幸福感满满！

谢小玲

目录

第一章 如何打造可复制的营销力 001

每个人都具备营销力 002

三力合一共筑企业营销力 006

  营销力的定义 006

"九个到位"助力营销系统高效运转 010

核心竞争力三要素，缺一不可 016

第二章 营销力之本：成功产品带来强势产品力 019

成功产品：技术创造求"新"，市场创造求"变" 020

产品创造的两大关键点 021

多个产品的产品力打造 023

产品在市场创造中的营销功能定位 024

慧眼识珠：超级好产品的选择标准 025

打造成功产品的"331"法则 030

  三个步骤 030

  三项原则 037

  一条绿色通道 037

第三章 营销力之魂：优势品牌成就强大品牌力 039

品牌营销无处不在 040

没有人能逃脱品牌的影响 040

是谁教你选品牌的 041

抓住品牌建设的本质，避免掉进误区 042

品牌建设的误区 043

品牌建设的本质 047

品牌建设：始于品牌输出，终于客户认知 050

品牌的定义 050

品牌建设的两个核心 051

企业输出的品牌内涵 051

客户认知的形成过程 056

成功的品牌是可以变现的 057

打造优势品牌的"331"法则 060

三个步骤 060

三项原则 066

一条底线 069

第四章 营销力之道：高效销售提升团队销售力 071

提升销售效率的两大黄金法则 072

思想引领——激活团队动力 075

共视共识，才能共事共和 076

思想引领的难点 084

流程改进——驱动绩效倍增 086

绩效和业绩的区别 086

销售人员在与客户的互动中主要做什么 091

实现绩效增长的"331"法则 093

三个基础 093

三项措施 095

一个支撑 097

第五章 营销的终极目的：获得持续增长力 099

坚持可持续发展之道，助力企业利益持续快速增长 100

基于本质的思考，确保决策正确 100

基于原则的做事，确保行动准确 101

基于人心的合作，确保状态在线 103

高效营销的十大增长思维 107

增长价值思维——决定存在与否 107

永争第一思维——铸造增长飞轮 108

长期增长思维——构建信任网络 110

要事第一思维——明确关键指标 111

大舍大得思维——培育增长沃土 112

创造惊喜思维——穿透用户感受 113

与众不同思维——强化品牌认知 113

超级用户思维——增加销售深度 115

全线粉销思维——点燃市场热情 116

终身学习思维——持续提升势能 117

第六章 营销人的自我修炼 121

谋划胜利,开局就赢 122

营销人员的十条铁律 125

精通"善借"与"务易" 131

成为解决问题的高手 135

"解决问题的能力"的定义 135

解决问题的 5D 模型 136

面对和处理问题的十六字方针与六不原则 139

反脆弱能力的八字箴言 143

快速恢复 144

从中获益 145

狼来了,你的房子建好了吗? 148

守住心中的一片净土 152

拿走就能用的"营销力年度增长计划模板" 156

第七章 成功调动团队的"三力驱动模型" 157

你的大脑里应该安装一台"三力驱动机" 158

"三力驱动"第一力——激发动力 160

"三力驱动"第二力——提升能力 169

"三力驱动"第三力——借助外力 179

　　天时：关键时机 179

　　地利：系统支持 180

　　人和：文化影响 181

　　三力驱动模型的运用 183

第八章　营销力实战 185

团队激励式管理 186

　　万事一理 186

　　激励营销之如何实现自我激励 186

　　激励营销之如何激励落后伙伴 189

　　激励营销之如何激励女性伙伴 191

　　职业信仰激发，业绩芝麻开花 193

企业破局之道——战略大单品打造 195

　　战略大单品的定义及意义 196

　　战略大单品的设计要素 197

　　打造战略大单品的关键点 200

　　战略大单品的打造方法 201

　　战略大单品的竞争策略 208

新媒体营销为传统企业插上腾飞的翅膀 210

　　什么是新媒体营销 211

　　新媒体营销与传统营销的区别 212

　　新媒体营销平台的选择 214

　　把握新媒体营销八大操作要点 215

　　新媒体营销铁三角 221

　　案例分析：小米的新媒体营销 224

第一章

如何打造可复制的营销力

我们每个人都在做营销——经营我们自己,销售我们的价值,把我们的思想、能力转化成财富,这就是一种"营销力"。每个人都想获得更多的财富,因此,人人都应该学习如何做营销。

每个人都具备营销力

我曾听到有人说:"营销太复杂、太高深了,我不会。"还有人说:"我不从事营销工作,所以我不用学习如何做营销。"

真的是这样吗?营销真的离我们很遥远吗?营销真的很难学会吗?我认为不是。每一个职场人士几乎天天都在做营销,而且营销并不复杂,人人都可以学得会、做得好。不信?我们来看看下面这些事情,从营销的角度如何理解。

我们从妈妈的肚子里生出来,喝奶、吃饭、走路、说话……然后上学,一天天长大,让自己掌握基本的生存本领,成为一个健康、独立的个体。这个过程,我把它叫作"**生产产品**"。

我们继续成长,阅读、旅行、开阔视野、增长见识、提升能力、掌握专长、打造自己的核心竞争力。这个过程,我把它叫作"**产品改进**"。

我们拥有属于自己的名字,并且给这个名字赋予独特的含义;我们拥有自己的个性和理想,对自己的人生目标和价值有不一样的定位;我们根据自己的身材、相貌、气质选择合适的妆容,穿着得体的衣服;我们有不同的人生经历和故事,这些经历和故事经过时间的沉淀转化成我们的思想,形成我们的价值观,有时候我们还会把这些经历和故事讲给朋友听,让别人了解我们、认同我们。这个过程,我把它叫作"**品牌建设**"。

我们通过参加聚会、社交平台、他人介绍等途径,结识一些朋友,或者找到自己的另一半;我们搜寻招聘信息、向企业投递简历、参加面试,为自己寻得一份工作;我们与同事和谐相处,建立信任,维持友好的合作关系;我们做工作汇报、岗位竞聘,向领导、同事阐述自己的想法、方案,为自己争取锻炼和晋升的机会。这个过程,我把它叫作"**产品销售**"。

上面这些事情,你是不是或多或少都做过?只是每个人做的方式和结果有一些差别罢了。所以说,**我们每个人都在做营销——经营我们自己,销售我们的价值,把我们的思想、能力转化成财富,这就是一种"营销力"。**如果你秀外慧中，穿着得体、举止大方，给人很舒服的感觉，同时又有内涵、有能力，与人相处真诚守信，能为他人带来帮助和支持，也就是"产品、品牌、销售"高度协同一致，那么你的营销力就会更强，就能获得更高的成就，创造更多的财富。每个人都想获得更多的财富，因此，人人都应该学习如何做营销。

  这个逻辑，我相信大家都能明白。而把这个逻辑套用在经营企业、销售产品上，就是我想与大家分享的"企业营销力"的构建思路。打造企业营销力，至少要做好三个方面的工作：产品、品牌、销售。任何一方面没有做好，都会降低企业的营销力，从而影响企业的效益与发展。

  还是以个人的例子来做类比：假如一个人外表光鲜，但别人与他相处一段时间后，发现他胸无点墨、愚昧无知、品行不正，那么，不管他把自己包装得多么光鲜亮丽，别人可能也不会愿意与他继续相处下去，这是"产品力的缺陷"；而如果一个人很有才华，但是外表邋遢、举止粗俗，那么，别人可能也不太愿意通过他糟糕的外在去了解他珍贵的内在，这是"品牌力的缺乏"；但如果一个人内在外在都不错，却不愿走出去与人交往、建立关系、建立信任，也不能找到一个平台去发挥自身的价值，那么，他的人生也可能会就此埋没，这便是"销售力的缺失"。

  对于企业，也是同样的道理。

  打造营销力，一定要有系统的思维。我们做营销，不仅应该考虑如何推销产品，而且应该考虑如何构建战略性的营销体系。营销力绝不仅仅是某一个部门应具备的能力。假如营销部门策划了一场非常成功的营销活动，有很多客户产生了购买意向，来电咨询产品，但由于销售后勤人员的不专业，导致订单流失，甚至产生客户投诉，这能说明这家企业的营销力强吗？不能！充其量只能说明这家企业的营销部门策划能力不错而已。因为它没有最终达成销售目的，没有为客户创造价值，也没有为企业创造利润。

  营销就是经营，在这本书里，我将分享我在实践中总结出来的一些方法，希望能帮助读者提升营销力。既然营销包含产品、品牌、销售三个方面的工作，那么，企业营销力也主要由产品力、品牌力、销售力组成。

我相信，人人都可以具备营销力。要做到这一点，首先要从思维上进行转变。很多人喜欢学习方法论，觉得那样上手快，认为思维方面的内容太虚。但我认为那是不对的。思维的变化才能带来行动上的变化，磨刀不误砍柴工，思维认知得到了提升，然后在正确的方法上加以实践练习，学到的方法才能灵活运用和掌握，久而久之，自己也能不断摸索出新的行动方法。相反，如果总是学习表面的方法，则有可能闹出东施效颦的笑话。

鉴于此，我将从三个维度来构建本书的内容。

第一个维度是思维观念。我将自己在做经营、带团队和做营销过程中的一些心得和理念跟读者分享，包括营销工作的"九个到位"、核心竞争力三要素、企业可持续发展之道、高效营销十大增长思维等内容。虽然营销涉及的范围比较广，但依然是有清晰的脉络和章法可寻的。

近二十年，中国的市场营销飞速发展，衍生出很多五花八门的营销理论，但实际上，回归到我们自己作为一个消费者的角度来考虑，就会发现大道至简。

有一次，我们全家人去一家饭店吃饭，吃完后出来天已经黑了，可是饭店却门庭若市，开车过来吃饭的人排着长队在等候。这家饭店并不在商业中心，位置也相对较偏，为何会有这么多人光顾呢？

我顺便给我八岁的大女儿出了一道考题，问她："要想让过来吃饭的人多，饭店应该做到什么？"

女儿脱口而出："干净、好吃。"

我又问她："那如果是酒店想让更多的人去那里住宿，应该做到什么？"

她又快速说出："干净、舒服。"

女儿的回答着实给我触动不小，因为她简单几个字便切中要害。这并不是因为她懂营销，而仅仅是出于她的童真和简单。我们在做营销活动的时候，往往会给它穿上很多华丽的外衣，结果却离本质越来越远。

第二个维度是方法步骤。我把自己对营销的理解，以及行之有效的营销力打造方法，总结成了一些流程公式和操作步骤，将营销系统思维可视化地呈现在读者面前。以公式和模型图作为思路指引，再对关键控制点进行拆解和步骤化，读者便可以参照和练习。

第三个维度是实战分享。我在本书中列举了大量的案例，很多是我自己亲自策划执行，分析了这些案例背后的运作逻辑，便于读者理解和学习。同时，我还邀请了我们团队中最拔尖的营销管理者来分享他们的实战经验。虽然他们擅长的领域和管理风格不一样，但都取得了优异的成绩。看过他们的内容后，也许你会惊叹："原来营销还可以这样做！"也许你会感慨："做营销，发挥长处比弥补短板更重要。"

三力合一共筑企业营销力

营销，就是要营造轻松销售的氛围，让产品变得更好卖。因此，营销不等于销售，营销力的构建应当是一个系统的工程，它需要产品、品牌、销售团队的共同参与才能够完成。

营销力的定义

在谈营销力之前，先谈谈我对"营销"这个词的理解。营销，就是要营造轻松销售的氛围，让产品变得更好卖。做营销，首先不是卖产品，而是赢得客户的信任。营销人经营的首先是人品，然后才是产品。在此基础上，再通过客户需求分析、产品优势分析，找到两者的结合点，然后通过营销策划和营销活动将产品销售出去，实现客户价值创造和企业利益增长的双赢结果。

接下来谈营销力的概念。营销力是由我国的营销研究者施建东先生在管理学、市场营销学的理论基础上提出的全新理念。我对营销力的定义是：**企业在开展市场营销活动的过程中，赢得客户信任，将产品特点与客户需求对接，从而实现企业利益持续增长。**

其实，**营销无非就是两件事：让消费者愿意买，而且喜欢买；让销售者愿意卖，而且会卖。**因此，营销不等于销售，营销力的构建应当是一个系统的工程，它需要产品、品牌、销售团队的共同参与才能够完成。

产品是营销的基础，是价值传递的载体，是营销力的首要因素；品牌是营销的灵魂，解决的是消费者是否愿意持续购买的问题；而销售是营销的通路，是产品从企业到消费者手中的桥梁，它解决的是销售者是否愿意卖而且是否会卖的问题。一个好产品，如果能被消费者记住并认可，能让消费者愿意购买且乐于推荐他人购买，同时，销售人员有能力推广且推广效率高，那么，企业何愁不能快速且持续地发展？

因此，产品、品牌、销售是营销工作的三大核心要素，而由这三个要素形成的产品力、品牌力、销售力这三者的有机结合，就是企业强大的营销能力，即营销力。三力合一，缺一不可。产品力体现内在实力，品牌力彰显外在影响力，而销售力则可以让产品力和品牌力的作用得到成倍放大。这三个力的组合，构成了打造营销力的思维公式，如下图所示：

$$营销力 = [产品力 + 品牌力] \times 销售力$$

为什么销售力与产品力和品牌力是相乘的关系呢？这里我举一个例子帮助大家更形象地理解。假如一个男生追求自己心仪的女生，他打扮自己的外表、展现自己的魅力、参加一些活动引起女生的注意，或者请朋友帮忙介绍等，这些行为就是"做品牌"。而当女生注意到他之后，他制造一些相处的机会，帮助女生、关心女生、用心制造惊喜等，最终与女生成功牵手，这些行为就是"做销售"。如果男生成功获得了女生的注意，但是在与女生实际相处的过程中却不用心、不负责，那么，他前期的"品牌"做得越好，在相处后，女生反而会对他越反感。因此，销售人员对于客户的成交和复购是至关重要的。销售做得好，会正向放大产品和品牌的价值；销售做得不好，则会产生负面效应。

1. 什么是产品力？

产品力是指产品能满足客户需求的能力，产品能多大程度地满足客户需求、为客户创造价值，就有多大的产品力。产品是企业与客户之间的纽带，是企业将价值理念和文化内涵传递给客户的载体，不管你卖的是实物还是服务，抑或是某类知识，都属于产品。

要提升产品力，就要求我们去理解客户、了解客户需求。表面的需求大家都能看到，潜在的需求则需要用心发现。产品研发部门通过技术手段和产品创意，做出能满足客户某方面需求的产品。要注意的是，研发部门做出的产品只是半成品，是产品的内核，最终在市面上呈现出来的商品，还需要营销部门对其进行包装、定价等，以完成产品和市场的对接。所以，营销人员千万不要说研发部门做出来的这个产品不好卖，因为产品好不好卖，能不能卖好，至少有一半的责任在营销部门，营销部门和产品研发部门需要通力合作。

2. 什么是品牌力？

品牌力是指该品牌对于客户心智的占领能力和影响客户购买决策的能力，也是知名度、美誉度和诚信度的有机统一。

品牌由品牌商品、品牌文化、品牌传播和品牌延伸四个核心要素组成。最开始客户对品牌的认知就是产品价值，在使用产品的过程中，逐步接受了产品背后的品牌文化内涵，并通过与品牌传播者的接触，进一步强化对品牌内涵和形象的认同，最终形成一个对该品牌的综合认识，进而由相信该品牌到相信该品牌旗下的其他类别产品。因此，企业里的每一个人都是品牌传播的窗口，是影响品牌力的关键因素。

3. 什么是销售力？

销售力是指让产品通过销售流程的各个环节，顺利到达客户手中并产生预期价值的能力。

高效销售提升团队销售力，通过引领团队思想来激活销售团队的动力，通过对销售流程进行改进，来抓住关键指标、采取关键行动，实现销售业绩的持续增长。

虽然打造营销力要有系统思维，但是在具体的营销工作中，却是细节决定成败，我们不能好高骛远，而应脚踏实地，要相信**小改变也能带来大提升**。我曾经看过可口可乐的一个案例，分享主题是"每天调整一点点，一年净赚50亿"。其中讲到，可口可乐将超市里货架式的产品摆放改为"地龙"式摆放，就因为这一个小小的改变，当年可口可乐的销售额就增长了200%，这让我非常震撼。

打造产品力、品牌力、销售力所涉及的内容虽然各有不同，但是，它们都指向同一个目标——让客户选择你，且持续选择你。而**检验营销力强不强的标准是什么呢？我认为是企业的"增长力"，即企业利益实现持续且快速增长的能力。**如果企业是汽车，那么营销力就是发动机，打造营销力的目的就是带动企业利益的持续快速增长。

4. 什么是增长力？

增长力就是实现企业利益持续快速增长的能力。因为企业利益持续快速增长的背后，是总客户价值的增长，以及企业产品、品牌、人才、组织效能等综合实力的增长。因此，我们每个人除了做好自己的本职工作外，还应该是一个"增长官"，在自己负责的领域持续改进，为企业利益持续增长助力。

构建企业营销力，要从产品力、品牌力、销售力三个方面去系统推进，并用增长力作为检验标准，就像一部机器的齿轮一样，让它们环环相扣、形成合力。但是，在开展这些工作之前，有一个前提不能丢，那就是必须先衡量一下你所经营的这个项目是否违反法律、是否违背良知、是否有损他人，这是一切事业的根基。通俗地说，**衡量一件事值不值得去做、能不能做长久，就看它是不是一件好事、是不是一件大事、是不是一件可商业化的事。它是一件好事决定了你能做成，它是一件大事决定了你能做久，它是一件可商业化的事决定了你能做大。**

如何从这三个维度来理解产品力、品牌力、销售力和增长力呢？请看表1-1。

表1-1 产品力、品牌力、销售力和增长力的体现

维度	产品力	品牌力	销售力	增长力
好事	与客户目标的利益一致	形象正面，口碑良好	客户愿意买单	市场价值稳步增长，重购率高
大事	对行业、对社会有益	品牌内涵能与市场产生共鸣	团队愿意追随	顺势而为，大势所趋
可商业化的事	具有独特价值和卖点	对市场有独特认知、能占据客户心智	组织能够生存	蓝海战略，具备竞争优势

"九个到位"助力营销系统高效运转

世界级管理大师彼得·德鲁克曾说过:"企业的两大核心功能就是营销和创新。"由此可见,营销工作对于企业发展的重要性。而做好营销工作的关键则在于团队执行力——执行公司政策,坚决完成目标,追求更好的结果。如何提高团队执行力?有两个核心:一是团队的领头人要引领团队思想,持续学习和提高团队能力;二是要制定评价营销工作是否到位的衡量标准,并按照这个标准持续要求和引导。基于此,我总结了营销工作的"九个到位",作为开展具体营销工作的指导。

九个到位的具体内容为:

认识自己到位,认识公司到位,认识项目到位;

信息收集到位,信息分析到位,信息传递到位;

渠道建设到位,宣传培训到位,客情服务到位。

前三个"认识到位"是对营销人员自我学习和认知的要求,中间的三个"信息到位"是营销体系中市场部应当重点关注和做到的工作,最后三个"到位"则是所有销售人员必须做好的几项核心的营销工作内容。以下是对于每一个"到位"的具体分析。

1. 认识自己到位

认识自己往往是最容易但也是最难做到的事情,因为它需要足够理性,要客观审视自己。

可以问问自己这些问题:我的人生规划是什么?我的岗位职责是什么?要完成这些职责,我存在哪些能力上的优势和不足?我的职业发展目标和规划是什么?我在公司中如何为自己准确定位?我如何与团队中的其他成员协作?我如何发挥自己的特长,规避自己的短板?我是否还可以做得更好?我如何做到更好?

在认识自己的过程中，也要意识到，世界上没有天才，但天道酬勤。还要相信自己：我已经有了很好的基础，只要进一步掌握科学训练方法、始终坚持、持续改进，我也可以做得非常好、非常成功，成为优秀的推销员。

2. 认识公司到位

营销人员对公司的认识水平将会极大地影响客户对公司的认识水平以及信任程度，所以营销人员对公司的认识一定要到位。

那么怎样才算认识公司到位呢？那就是要非常清楚地知道公司是做什么的，知道公司的经营理念和价值观、公司的目标，以及公司的营销政策、发展策略和最新发展动态等。问问自己：我是不是能够用自己的语言在两分钟之内向客户介绍清楚我们的公司并且让对方印象深刻？我是不是每天学习和分享公司的相关技术及产品知识？我是不是已经将我们的企业文化了然于胸，并将其融入自己的每一个行动里？

3. 认识项目到位

你所经营的项目和产品，是你与客户之间建立信任的桥梁和载体，是你开拓事业疆土的武器。如果你对手中的这个武器不了解，不知道如何使用它，那么，再厉害的武器在你手中也不过是一堆破铜烂铁，发挥不出威力。其实，做好营销工作很简单，那就是深深地热爱自己经营的这个项目和产品，对它有足够的了解。

问问自己：我的产品的设计原理和背后的理论支撑是什么？它的核心成分有哪些，分别有什么作用？对产品进行看、闻、尝、摸的感受是什么？客户有哪些痛点，我的产品是如何解决这些痛点的？市场上有同类产品吗？和同类产品相比，我的产品的差异化定位和价值是什么，我要通过什么方式和途径去传递这一价值？我自己能够制作课件向客户清晰准确地讲解项目或产品吗？我的讲解能让客户心动吗？

4. 信息收集到位

市场营销工作在很大程度上是对于信息的处理工作，信息的收集包括对市场行情、合作伙伴的动态、客户资料的收集与掌握。

问问自己：我是不是掌握了所负责区域的真实、具体情况？有多少客户在使用我的产品，这些客户使用产品的情况如何？我们的优秀经销商是如何推广产品的？哪些客户是超级粉丝，他们怎么评价我的产品？我对行业内的其他相关企业有了解吗？上年度、上季度、上个月各市场的销售情况分别如何？哪些产品的销售数据在发生变化，原因是什么？本月增加了哪些新客户？客户遇到了哪些问题，问题背后的需求是什么？

信息收集是否到位，就看你在信息收集上是否及时、全面、真实，是否将收集到的信息反映到了你的行动上。

5. 信息分析到位

这里的信息分析是指根据营销工作的需要，对于所收集和了解的相关信息、数据进行深层次的思考和研究，形成有助于改进营销工作和解决问题的方案，以便于营销决策人做出更精准的决策。

问问自己：我对市场情况是如何判断的？我对现有营销渠道是如何认识的，它的优势和不足在哪里？接下来应该采取什么样的营销策略？下阶段宣传的重点是什么？下阶段开发的重点市场在哪里？哪些市场需要更换合作伙伴？什么时候召开招商会或产品推介会？榜样市场有哪些值得推广和可复制的工作方法？哪些是我的目标客户，他们有什么新的需求？

信息分析到不到位，就看你做出的方案是否及时、明确、可行，并且是否行之有效。

6. 信息传递到位

信息传递工作简单地说就是上传下达，也就是将所收集的、有利于营销工作开展的信息及公司政策传递给营销体系中的每一个人，包括营销管理人员、客服人员、技术服务人员和销售人员,以实现全面营销、共同支持市场发展的局面。

问问自己:需要向上反馈的信息,我及时反馈了吗?对于市场发展有价值的信息,我与团队其他成员及时共享了吗?公司的政策方针和产品价值、品牌内涵,我及时、准确、有效地传达给我的合作伙伴和客户了吗?合作伙伴和客户心里所认识的企业,即客户对我们品牌的认知,与我们想要树立的品牌形象一致吗?我们的信息传递通道是否高效和通畅?公司的政策和活动信息在多长时间内能到达最终端的客户群体?我们的客户对于公司及产品的认知度和美誉度是否达到了95%以上?

7. 渠道建设到位

渠道建设是营销工作的重点,包括渠道数量的增加和渠道质量的提升。渠道建设的完善程度会直接影响市场覆盖率、市场占有率及产品销售量。

问问自己:我对所辖区域的销售渠道的设计以及实际布局是否合理?我们的产品销售渠道是否覆盖到了所有重点市场?我所选择的终端销售渠道,其对于我们公司的认可度和重视度,以及其销售能力、品牌信誉、经济实力、销售额等,是否符合市场发展要求?各终端销售渠道的店面,其产品陈列和广告展示是否整齐、美观、有视觉冲击力?在目前所有的渠道中,哪些是处于前20%的优质伙伴,哪些是处于中间70%的主力军,哪些是处于后10%的后进伙伴,他们分别需要在哪些方面得到支持与提升?

8. 宣传培训到位

宣传、培训是营销工作中行之有效的方法和手段,不仅营销人员要非常清楚地认识公司、认识公司的技术和产品,经销商伙伴及客户也同样如此。试想一下,如果经销商伙伴能像你一样清晰准确地介绍你们的公司和产品,像你一样认可和热爱这份事业,那么,你的渠道网络将会多么稳固,销量一定能持续增长。如果客户在听到你们的企业名称时能产生品牌联想，在遇到问题时能第一时间想到并选择你们的产品，那么，企业的品牌力量和品牌价值又将是多么强大。而这一切都源于对客户进行有效的宣传与培训。

那么，如何才算将宣传和培训做到位了？有两个检验标准。以上说的两个"如果"是一个检验的标准，即你所宣传的企业和产品与客户认为的企业和产品是否接近于等同。另一个检验宣传和培训是否到位的标准是：宣传流程和会议组织的标准化程度。也就是说，对于有价值的品牌资产是否进行了明确和整理，并且通过不同形式不断重复和强化，以形成占位认知？对于不同性质、不同档次的会议，是否有清晰的流程和组织方案，不管在全国任何地方召开宣传培训会议，进到会场都是同一种熟悉而亲切的感受？

9. 客情服务到位

最后一个是客情服务到位。客情关系是指公司在为客户提供产品和服务的过程中与客户产生的情感联系，这里着重强调的是"情感"二字。做客情工作的目的，不是建立客户与个人的私人关系，而是通过客服人员这个桥梁，建立客户与企业之间更紧密、更牢固的信任和合作关系。客情服务包括客情关系的维护和客户服务两部分，其对象分为两类人群：一类是经销商合作伙伴，另一类是核心用户。

用心想一想：我尊重客户吗？我了解客户的家庭情况吗？我记住了客户的生日并在生日当天给他送祝福了吗？客户家中发生婚丧嫁娶等重要事件时我的心意到了吗？在重要节假日我给予祝福了吗？等等。这是一项需要用心、细心才能完成的工作，并不是请客吃饭、喝酒打牌那么简单。

客户服务的内容就更广了，包括热情接听客户电话，及时处理客户疑问与投诉，准时发出客户的货物，准确处理客户的账务，主动介绍公司的文化理念、产品信息、销售政策，协助产品销售，提供技术服务指导，以及支持重点市场等。

问问自己：销售量增长势头是否良好？客户是否喜欢与我交流，说出自己的真实想法？客户在我的引导和鼓励下是否充满斗志，积极向上？客户是否对公司有很高的正面评价，很珍惜这次合作机会？正面评价越多，就说明你的客情服务工作越到位。要知道，结果不会撒谎。

"九个到位"涉及整个营销体系中的各个主要环节，可以作为营销工作的具体指导，营销管理者应严格督促下属"做到位"（督促检查到位），营销人员也应严格要求自己"做到位"（自我要求到位），并进一步要求自己做到极致。如此一来，营销工作就有了方向、有了标准、有了效率，营销管理水平与营销实战效果才会有很大的进步，并且会持续进步。

核心竞争力三要素，缺一不可

核心竞争力是指组织具备的应对环境变化与外部竞争，并且取胜于竞争对手的能力的集合。

构建企业核心竞争力的三个基本要素是：产品、品牌和销售模式。产品是内在美，品牌是外在美，而销售模式则是把这两种美转化成企业效益的途径，三者缺一不可，将其有机组合方能构成企业的核心竞争力。

我曾经看过一个观点：企业只要在这三个要素中的一个上实现了突破，就能形成企业的核心竞争力。我不太认同这个观点。

没有品牌意识、没有成功的商业运作，再好的产品也会被埋没。有很多科研专家由于只懂得潜心钻研技术和产品，不懂运营，导致产品无法走上市场、走向客户、创造持续的效益。而如果没有好的产品，即使品牌做得再好、销售模式做得再成功，客户也不会持续埋单，到最后不过是昙花一现。如果产品也好、品牌也不错，那是不是就不需要销售了呢？当然不是。销售模式是将产品和品牌转化成企业效益的通路，是企业汇聚合作伙伴、实现共赢的平台，产品和品牌再好，不懂整合资源、不能实现合作共赢，也是孤掌难鸣。

因此我认为，让产品、品牌、销售模式这三者形成合力，才能真正构建企业的核心竞争力，让企业获得长期的竞争优势。

以我服务的长沙绿叶生物科技有限公司为例，来进行企业核心竞争力三要素的分析，如下图所示。

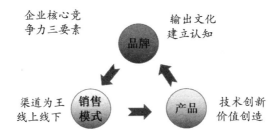

1. 产品

产品是企业存在和发展的根本，是企业品牌传播的载体，是连接企业与合作伙伴的纽带。客户价值的创造、企业品牌的建立，都源于一个好产品。所以，好产品是企业核心竞争力的基础和内核。

我所在的企业在产品竞争力的打造上秉承两点：**一是技术创新，二是价值创造**。

在研发层面，我们坚持自主技术创新，荣获 20 余项国家发明专利，不断地研究绿色的新技术和新产品，部分产品在行业内属于开创性的产品。

在终端层面，我们坚持为客户创造价值，提供专业、科学、实用的养殖技术，帮助他们树立正确的养殖观念，提升他们的饲养水平和经济效益，让他们的养殖之路更安全、更健康、更高效。

2. 品牌

品牌建设的核心作用，就是把产品的"好"变成客户头脑里的认知。

在这里我需要说明一下：好产品并不是指完美的产品，而是指它在某方面具备某些特点、优势和价值。品牌建设的目的，是在企业对产品的认知与客户对产品的认知之间画上等号，当客户心里的认知与品牌输出的内容一致时，品牌建设才算成功。

在品牌建设的过程中，可以扬长避短、突出差异，但不可以胡编乱造、虚假宣传。

我所在的企业在品牌竞争力的打造上坚持两点：**一是输出文化，二是建立认知**。

在公司层面，我们专注于自身的优势领域，坚持专业专注、诚信经营。我们的文化理念不仅来源于我们自身的追求，也来源于我们对客户的理解。我们深切地了解养殖户在养殖过程中所遇到的难题，理解他们的不容易，也因此坚信：健康养殖是企业效益之本，也是客户的核心需求。

在客户层面，我们在任何大会小会上都会宣讲和传播我们的品牌内容，同时通过客户使用案例强化客户对产品的认知，与客户建立共识、形成共鸣。

3. 销售模式

销售模式的设计原则是：**要能够最大限度地聚集志同道合者，实现合作共赢**。如果达不到这个效果，就称不上是一个好的销售模式。

我身边不乏这样的例子：产品概念新颖，具备权威资质；产品效果安全可靠，所属的品类也是国家支持和鼓励发展的领域；品牌名称、标志和广告语，以及品牌文化故事等都非常不错，但就是在销售模式的设计上出了问题，分利机制与合作方式得不到合作伙伴的认可，项目推进起来比较困难，最终夭折。

我所在的企业的销售模式的核心是渠道营销，在这方面我们坚持两点：**一是渠道为王，二是线上线下结合**。

我们与全国各县市的优秀经销商合作，形成企商联盟共同体。公司负责产品的研发、生产、品控、物流，品牌内容的设计、传播，以及大型品牌营销活动的策划、指导等。各地的合作伙伴负责产品的分销、终端配送、技术推广会议组织、客户关系维护等。为了支持合作伙伴的发展，公司每年提供系统的经营培训，帮助其成长，且鼓励和支持他们培养自己的接班人。我们坚持将渠道营销做到极致，也因此得到了合作伙伴的信任与长期追随。

随着互联网营销的发展，一些企业开始走线上平台直销的模式。但我们始终认为，不论是网购平台还是现在的短视频直销平台，它们都只是一种营销工具，不可能完全替代线下实体经销商。基于这个认识，我们坚持线上线下相结合，把线上当作扩大知名度、增加客户流量的宣传工具，线下作为提供货物中转、技术指导和售后服务的销售点，线上引流的订单都转交给线下来跟踪和服务。这种模式得到了合作伙伴的支持。

产品、品牌、销售模式是企业核心竞争力的铁三角，从这三个要素出发，找到符合自己企业的特点，并突出这一特点，然后持续强化，螺旋上升，便可形成人无我有、人有我优的核心竞争优势。

第二章

营销力之本：
成功产品带来强势产品力

所谓产品力，是指产品能满足客户需求的能力。产品能多大程度地满足客户需求，为客户创造多大价值，就有多大的产品力。成功的产品来源于研发部门与营销部门的共同创造。做出与众不同的产品，是研发团队的本事；而将同样的产品卖出不同，是营销团队的本事。

成功产品：技术创造求"新"，市场创造求"变"

做营销的人每天都在和产品打交道，那你能用一句话来解释什么是产品吗？

一些书里是这样定义产品的：产品是指作为商品提供给市场，被人们使用和消费，并能满足人们某种需求的任何东西，包括有形的物品，无形的服务、组织、观念，以及它们的组合。简单地说，产品就是某些个人或企业向市场提供的能满足消费者某种需求的任何有形物品和无形服务的综合体。

我再把产品这个概念进行拆解：从形态来看，产品分为有形的物品和无形的服务；从内涵来看，产品分为有形的载体和无形的价值。**实际上，消费者购买的是这个产品为他传递和创造的价值**。因此也就不难理解，为什么有些客户用这个产品用得好好的，当听到有一款功能类似、价格更低的产品时，会选择替换，而当他真正使用了之后发现，那款低价格的产品实际上没有别人说得那么好，于是又会重新选择原来的产品。客户选择的前后变化，其根本决定因素是产品所创造的价值而非价格。

再进一步去理解产品：是不是你的产品具备某种价值就可以一劳永逸了呢？假如你的产品能够解决的问题和创造的价值是这个客户不需要的，那么，这个客户会选择你的产品吗？假如客户以前选择了你的产品，但后来他的需求发生了变化，而你的产品所提供的价值没有变，他还会继续选择你的产品吗？很显然，答案都是否定的。

所以，营销人员一定要清醒地意识到：**客户忠诚于的是他自己的需求价值，而不是你的产品功能价值，这个需求价值包括产品的使用价值和品牌价值**。比如，一位女士买了一款阿玛尼的包，她购买的不仅仅是该包的使用价值，还有阿玛尼这个品牌标志给她带来的身份感和尊贵感。很多时候，我们为了让自己放心，宁愿支付更高的价格去购买大品牌的产品。这些身份感、踏实感等感觉，也是客户的一种心理需求。当产品的功能价值和客户的需求价值一致时，客户会选择你；当产品的功能价值和客户的需求价值不一致时，客户会离开你。因此，营销人员应当架起产品与客户之间的这座价值桥梁。

产品创造的两大关键点

我在带销售团队的过程中，经常会遇到两种销售人员：同样的产品，一种销售人员说不好卖，另一种销售人员说很好卖。为什么会出现这种情况呢？

如果你对上述关于产品概念的分析有了透彻的理解，就会发现，这两种销售人员的本质差别在于：前者只是一味地向客户述说产品的功能价值，而后者则是从产品的功能价值中选择了与客户需求价值相匹配的点与客户进行交流和对接，架起了价值的桥梁。换句话说，他成功实现了产品卖点与客户买点之间的交换。

很多营销人员都对产品存在一个严重的误区：认为产品的设计创造是研发部门和生产部门的事情，产品好不好，由研发生产部门决定，营销人员没有责任。所以经常会出现营销部门与研发生产部门相互扯皮、指责的现象。

实际上，产品在研发、设计、生产、销售，到最终呈现在客户面前的整个过程中，需要完成两次创造：一次是技术创造，从研发的层面进行技术创新、科研攻关、理念设计、品类定位、配方组合、效果测试、生产手续完备等；另一次是市场创造，从营销的层面，结合外部环境和客户需求，对产品进行包装、价格和规格的设计，核心功能和独特价值的定位，以及营销功能定位。只有实现这两次成功的创造，才能铸就一个成功的产品，两者缺一不可，如下图所示。

产品创造的两部分

- 技术创造：技术创新、品类定位、理念设计、配方组合、效果测试、手续完备
- 市场创造：包装设计、价格、规格、独特价值定位、主打功能、营销功能定位

技术创造求"新"，新技术、新设计、新理念、新配方等，通过技术创新

开辟新领域、引领新潮流、创造新客户。关于技术创造的灵感主要基于两方面：一方面是基于对消费者需求变化的理解，另一方面是对环境变化的假设。比如，近些年环境恶化，空气中雾霾加重，人们对洁净空气的需求越来越强烈，一些空调品牌推出了具有空气净化功能和病菌消灭功能的家用空调。

市场创造求"变"，发现需求的变化、理解需求的变化、在变化中持续满足客户的需求。随着社会的发展、人们生活水平的提高、生存环境的改变、思想观念的进步、人口年龄结构的变化等，客户的需求价值也会随之发生变化。客户是一定会变的，营销的本质就是基于"客户会变化"这个前提来应对变化，并通过满足客户的需求来实现自己的目的，这一点营销人员务必牢牢记住。

宝洁是日化行业的全球巨头企业，它旗下的很多产品都是其所在品类数一数二的品牌，如舒肤佳香皂、佳洁士牙膏、海飞丝洗发水、汰渍洗衣粉等。但是，即使是这样优秀的企业，也会在某些需求上失察，从而给了竞争者超越的机会。比如，与香皂相比，洗手液使用起来更方便、更卫生，尤其是在公共场合，所以在洗手液这个领域，蓝月亮拔得了头筹。

除了要不断地发现需求、引领需求、满足需求之外，还有一点很重要，就是要与大环境的资源、条件去匹配。创新是要正确判断趋势、顺势而为，而不是跨越趋势、盲目冒进。如果在不成熟的市场条件下去盲目创新，则很有可能成为别人的垫脚石。

你知道中国的第一家互联网公司是哪一家吗？不是阿里巴巴，而是1995年创立的瀛海威。那时，中国互联网与国际接轨刚一年，中国人对互联网还很陌生。在大多数人还不知道什么叫互联网的时候，瀛海威的创始人张树新——一位互联网界的巾帼英雄，就已经在构想网上购物了，并且发行了用于网上交易的虚拟货币"信用点"。在网民数量非常有限的时候，她已经在和政府讨论网上卖东西要不要交税等问题；在搜狐、网易等门户网站还没出现的时候，她已经做了"新闻夜总会"的项目，在网上汇集当天各大报纸的新闻。这些在现在看来很棒的项目，为什么在当时却没有发展起来呢？一个很重要的原因，就是当时的硬件和软件都还达不到那个条件，不足以支撑张树新的创想。

在《论大战略》一书中，加迪斯用狐狸和刺猬的隐喻开篇，"狐狸多知，而刺猬有一大知。"他认为，如果将刺猬的方向感和狐狸对环境的敏感性结合起来，就能孕育出成功的战略，而战略，就是目标与能力的平衡。这一思想放在营销中同样适用。产品的技术创新应当用刺猬式思维，目标聚焦、方向坚定、执着钻研；而产品的市场创造应当用狐狸式思维，重视环境的变化和对自身能力、外部资源的评估。营销人员应当将这两者平衡起来，将产品价值与客户需求的变化、资源条件的变化协同起来，这便是营销人员在产品力打造上的价值体现。

多个产品的产品力打造

一般来说，一家企业不会只有一个产品，即便一开始只有一个产品，随着企业的发展和市场资源的积累，企业也会推出新产品来完善产品线，培育第二增长曲线。那么，当有了多款产品后，是不是将所有的营销资源和力量平均分配给每一款产品，以此来提升综合产品力呢？

当然不是！

平均分配资源和力量的做法，只会产生平庸的产品，最终导致综合产品力的下降，甚至丧失市场竞争力。

打造产品力的目的，不是要让每一款产品都大卖，而是要带动企业竞争力以及为客户创造的总价值的提升。就像一部精彩大戏，不可能每位演员都是主角，不同的演员要站好自己的位置，在自己的角色定位上完成对整部作品的贡献，共同为观众呈现一部具有层次感的好剧。

所以，对于拥有多款产品的企业，在打造产品力时要从两个方面着手。

一是打造一款超级大单品。以超级大单品为龙头产品，聚焦于一点形成破竹之势，带领企业成功突围，在某一个品类占据第一的位置。这和做人是一个道理，如果你想要被别人记住，就要在某一个方面特别突出，让人印象深刻。

二是对其他产品进行营销功能组合。产品除了具有使用功能，还具有营销功能。使用功能是针对客户而言，营销功能是针对营销而言。产品的营销功能是指在打造产品力和营销力时，不同产品应当扮演的角色和发挥的作用。

产品在市场创造中的营销功能定位

根据产品在营销中发挥的作用分类，可以将产品分为尖刀型、品牌型、利润型、走量型、配套型。

尖刀型产品：即具有开创性的理念和独特的卖点，能快速解决客户痛点，且客户体验感明显、品质优秀、性价比超高的产品，尖刀型产品的主要作用是撬动市场。

品牌型产品：即在该品类中具有独创性，在客户的需求结构中占有较大比重，产品品质优秀，具有核心技术优势，荣获多项技术成果奖励的产品品类。它是精品中的极品，能带动企业品牌力的整体提升，它以品质卓越、独一无二、利润适中为设计原则。

利润型产品：即客户数量不多，但针对性较强，能解决客户特殊需求的产品品类，以单位利润高、产品有特色为设计原则。

走量型产品：即单位使用量大，客户基数多，能够带来规模效应的产品品类。这类产品以物美价廉、薄利多销为设计原则，在市场上要有价格优势，降低客户采购成本。

配套型产品：即不符合公司整体的品牌定位和设计理念，但能与主要产品形成互补，为客户提供增值服务，能稳定客户的一些辅助型产品。

一手有五指，五指不一样长，你了解自己的产品在营销中的功能定位吗？磨刀不误砍柴工，根据以上分类给产品归类，对产品进行明确的营销功能定位，便可让产品与产品之间形成优势互补，有主有次、有先有后，然后再合理分配资源，有秩序、有节奏地展开营销工作。做好了这项工作，你就赢了一半。

慧眼识珠：超级好产品的选择标准

中国是一个人口大国，很多在欧美国家无法做到亿级体量的产业，在中国却拥有巨大的市场空间。这是在中国从事营销工作的优势——享有丰厚的人口红利和规模红利。

前面谈到，打造产品力要从两个方面着手，第一方面就是打造超级大单品。打造超级大单品具有战略目的和意义，它能带动一个品牌成名，为该品牌创造最大销售额和利润率，并帮助该品牌取得强势竞争地位。

据《财富》杂志的统计，世界500强企业中，单项产品销售额占企业总销售额比重95%以上的有140家，占500强企业总数的28%；主导产品的销售额占总销售额70%~95%的企业有194家，占500强企业总数的38.8%。这说明，世界500强企业普遍都是以立足于主业、开发核心产品、发展战略性产品的战略取得其强势的市场地位的。

那么如何来界定超级大单品，它的标准是什么呢？贫瘠的土地上种不出好庄稼，超级大单品首先必须是一个好的产品。经营企业和经营品牌，好产品是基础。好的产品是连接企业与消费者的纽带，是品牌运营的载体，是渠道长久获利的根本，是企业生命力的源头。

营销人选择一家企业，实际上就是在选择自己未来要经营的产品。在正式开展营销工作之前，应当先对这个产品做一个判断，看看它是否具备足够的发展空间，是否有可能被打造成一个超级大单品，换句话说，就是它是否有"前景"和"钱景"。那么，什么样的产品才是具备超级大单品基因的超级好产品呢？有四个因素供大家参考。

1. 刚需

营销的本质，就是通过满足别人的需求来实现自己的目的。如果别人根本不需要这个东西，或者可要可不要，那么它连卖出去都很困难，更谈不上成为超级大单品了。

所谓刚需,就是你的目标客户对这类产品非常需要,非买不可,缺了不行。请注意,是对"这类产品"非常需要,而不是对"这个产品"。客户不买你的产品,不代表他们不需要这类产品,至于客户在这类产品中是买你的还是买别人的,那就取决于你如何卖了。

当然,人们的需求是动态变化的,以前吃饱是刚需,现在吃好是刚需;以前医用口罩是医生的专用品,现在成了全国人民防疫的必备品;以前买房是为了改善生活条件,现在成了结婚的先决条件。所以,**营销人要用发展的眼光看问题**,要善于观察和发现客户需求的变化。

前段时间跟一位朋友聊天,她的爱人想要创业,我们探讨有哪些创业的机会。所谓机会,其实就是这个社会有什么痛点存在,或者人们有什么新的需求在悄然萌生。我说:"我觉得家政行业在未来有很大的市场空间,尤其是高端家政服务。"

我为什么会有这样的判断呢?首先是人们消费观念的变化。中国进入万元美金时代,人们的生活品质有了极大的提升,对于都市人,时间比金钱更重要。就拿我自己来说,我和我爱人工作都比较忙,家里有两个孩子,下班之后回到家,我更愿意把时间花在陪伴孩子、锻炼身体、阅读一本好书、和爱人看一部电影等我认为更有价值的事情上,而不想扎进柴米油盐、拖地洗衣等家务琐事里。就算自己下厨做饭,也是为了享受为家人烹饪美食的乐趣,而不是因为无奈和不得已。所以,我们请了一位阿姨常住家中,为我们打理这些生活琐事,时间久了,我们与阿姨之间就像家人一样,彼此信任,相互照顾,非常和谐。

其次是人们生活状态的变化。生活在都市里的人工作节奏快,尤其是中年人群,上有老下有小,为了给自己和家人创造更好的生活条件、给孩子提供良好的教育环境,他们忙碌工作、奋力打拼,却没有时间照顾家庭。另外,社会人口老龄化,大部分老年人的儿女都无法每天在他们身边陪伴、照顾。这些矛盾如何解决?我想,优质的家政服务就是这类家庭的另一双手,他们将成为未来都市家庭的重要成员，为这些家庭提供不可或缺的支持和帮助。

这就是对于需求变化的理解，以及基于这个变化所衍生出来的巨大的市场空间。当然，我们想要抓住客户需求，除了要能够辨别需求之外，还要做到高品质、高价值。

2. 大众

这个标准决定了你的产品能做到多大的规模。有些产品只对小部分人是刚需，对大部分人来说可有可无，那就很难打造成超级大单品。尤其是在快速消费品行业，客单价普遍偏低，要做大规模，唯有靠客户数量取胜。它不像房地产，即便是针对很小众的高端人群卖豪宅，一套豪宅动辄上千万甚至上亿，做到百亿、千亿营业额也不是什么难事。所以，在快速消费品行业选择产品时，一定要看它的适用范围是不是具有普遍性。

假如有一款产品，技术很成熟，以前是大众消费品，但是随着人们生活方式的变化和需求的变化，现在不再被大众所需要，该怎么办？先看一个案例。

20世纪六七十年代，自行车在人们的生活中占有重要位置，缝纫机、手表、自行车被列为三大件，成为一个家庭是否富裕的象征。据父辈讲，这是女孩子当时找婆家的首要物质条件，也是姑娘出嫁时一份"倍儿有面子"的嫁妆。80年代，以"永久、凤凰、飞鸽、红旗、金狮"五大国内自行车企业为首，中国共有自行车制造厂60余家。随着人们生活水平的提高和出行方式的变化，自行车作为家庭代步工具的作用逐渐弱化，而这五大自行车品牌也逐渐退出了人们的视野。

但是有一个自行车品牌，却以自行车在休闲、娱乐与运动领域里的多元化定位和发展，让自行车再次成为人们生活中不可或缺的伙伴。这个自行车品牌就是捷安特。它倡导"自行车新生活文化"，推出折叠车、山地车、变速车等多种款型，从过去单一的实用功能衍变出娱乐和时尚功能，带领人们在捷安特的世界里享受骑乘的乐趣。目前，捷安特自行车已经成为全球自行车生产及行销最具规模的公司之一，其公司销售网络横跨五大洲50余个国家，公司遍布中国、美国、英国、德国、法国、日本、加拿大、荷兰等地，掌握着超过1万个销售通路。

从上述案例可以看出，如果一款大众产品随着消费升级变得不再大众，那么你要做的就是对它重新进行价值定位，并围绕新的价值定位去进行产品功能的设计和营销工作的开展，让它重新成为公众的"宠儿"。当然，如果你不想打造超级大单品，只想走小众化的特色路线，也未尝不可。

3. 独特

因为独一无二，所以非你不可。任何能够被记住的产品，必然有它的独特之处。再普通的产品，也能挖掘出独特之处。这个独特，可以是技术原理上的，也可以是产品原料上的；可以是生产工艺上的，也可以是功能效果上的；可以是使用方法上的，也可以是体验感受上的，只要你用心去找，总能找到。

农夫山泉有点甜，卖出了不一样的滋味。

舒立兹啤酒，因为说出了消费者不知道的工艺，即"每一瓶舒立兹啤酒在灌装时，瓶口都经过高温纯氧吹制，这样才能保证口感的清冽"，从而脱颖而出。

家里有小孩的朋友应该比较熟悉奥利奥饼干，它创新了很多种吃饼干的有趣方法，比如：在牛奶里泡一泡再吃；把圆筒状的卷心饼干当作吸管喝牛奶；还有把奥利奥打碎加入冰淇淋里吃，我们在一些冰淇淋店就能买到这样的产品。这些创新的吃法让我们在吃奥利奥饼干的过程中变得很开心。

有些独特，也许是你的产品独有的、具有开创性的地方，但这种情况很稀缺。大部分的独特是你知道但客户不知道的地方，虽然其他同质化的产品也具备这个特点，但是你先说出来，就成了你的产品的独特之处。客户认为你是什么，比你认为你是什么更重要。不出众，就出局。做出不同的产品，是研发团队的本事；把同样的产品卖出不同，是营销团队的本事。在此要提醒一点，产品的独特之处一定要转化成对客户的价值才有意义，否则就只是个噱头，不能真正形成产品力。

4. 优质

产品的品质优秀，是好产品最基本的条件。产品的价值是由消费者来衡量的，营销人员说得好只是一时的，客户用得好才是长久的。产品即人品，优质的产品要满足几点：解决客户痛点、满足客户需求、为客户创造价值、品质稳定且持续改进，还有一点很重要，那就是别人很难模仿或者模仿的代价比较高。

刚需、大众、独特、优质，这四个因素并不是产品与生俱来的，它们一半来源于技术创造，另一半来源于市场创造，是研发生产部门和营销部门共同努力的结果。

以上四个因素是超级大单品的必备基因，不是从中选择某几项，而是同时具备。"刚需"决定了客户愿不愿意买，"大众"决定了有多少人愿意买，"独特"决定了客户只买你的不买他的，"优质"则决定了客户愿不愿意重复买、长久买。如果大部分客户都只选择购买你的产品，且长久重复购买你的产品，那你的产品想不火都难了。

打造成功产品的"331"法则

在前面讲到,所谓产品力,是指产品能满足客户需求的能力。产品能多大程度地满足客户需求,为客户创造多大的价值,就有多强的产品力。

可是产品本身是一个静态的东西,它不具备主动满足客户需求的能力,这就需要经营产品的人去赋予,让这个静态的东西变得有生命力。产品及产品力的产生,一半来源于技术创造,另一半来源于市场创造,而有关市场创造的部分就属于营销人员的职能范畴,这在前面已经阐述过。

也许有人会有疑问:为什么打造产品力属于营销的范畴?我的回答是:它不仅属于营销的范畴,而且是营销中放在首要位置的工作。经典的营销4P理论我相信大家都不陌生,4P是指产品(Product)、价格(Price)、渠道(Place)、推广(Promotion)。在这4个P里面,产品和价格都属于产品创造的内容,占了4P理论的一半,可见产品在营销中的重要性。

关于产品的理论与书籍有很多,在茫茫的知识海洋中,很多人容易迷失,越学越糊涂。找到一个适合自己企业的方法很关键,更重要的是这个方法要简单易学。基于这个原则,我总结出了打造强势产品力的"331"法则,即三个步骤、三项原则、一条绿色通道。

三个步骤

打造成功产品有三个步骤:第一步,选择一款有优秀基因的产品;第二步,为这个产品找到差异化的价值,并制定产品选择标准,在此基础上发展产品的文化个性;第三步,将产品IP化,让它具有更强的生命力。

1. 选对产品,成功一半

好产品是经营企业的根基,是打造营销力的前提,是塑造产品力的内核。

不论是"酒香不怕巷子深"还是"酒香也怕巷子深"，其共同点都是——酒要香，否则，营销做得再好也不过是昙花一现。

打造强势产品力的核心，就是要让产品能最大限度地满足客户需求并为客户创造价值。因此，选择一款具有"超级大单品基因"并且具有生命力的好产品，是打造产品力的第一步。

2. 差异化价值定位，制定产品选择标准

选择出好的产品还不够，因为你所认为的好产品和客户认为的好产品并不是一回事。要让客户能记住这款产品的好，并选择购买和使用，还需要进一步总结出产品与众不同的卖点，进行差异化的价值定位，并找到理论支撑，制定出该品类产品的选择标准，提供给客户，使之成为客户在选择该类产品时的参考标准。

所谓差异化，是指与其他同类产品不同的地方，主要参考三个维度：一是你的产品本身的优点，确实做得好的地方；二是其他同类产品缺乏或者做得不如你的产品的地方；三是客户的需求，包括显性的需求和潜在的需求。这里需要用到一个工具——SWOT 分析。

SWOT 分析是指基于内外部竞争环境和竞争条件的态势分析，就是将与研究对象密切相关的各种主要内部优势、劣势和外部的机会和威胁等，通过调查列举出来，然后用系统分析的思想，把各种因素相互匹配起来加以分析，从中得出一系列相应的结论。

S（Strengths）：指自身优势，包括有利的竞争态势、充足的财政来源、良好的企业形象、雄厚的技术力量，以及规模经济、产品质量、市场份额、成本优势、广告攻势等。

W（Weaknesses）：指自身劣势，具体包括设备老化、管理混乱、缺少关键技术、研发落后、资金短缺、经营不善、产品积压、竞争力差等。

O（Opportunities）：指外部机会，具体包括新市场、新需求、新的利好政策、竞争对手失误等。

T（Threats）：指外部威胁，具体包括新的竞争对手、替代产品增多、市场紧缩、行业政策变化、经济衰退、客户偏好改变、突发事件等。

SWOT可以分为两部分：第一部分为SW，主要用来分析内部条件；第二部分为OT，主要用来分析外部条件。利用这种方法可以从中找出对自己有利的、值得发扬的因素，以及对自己不利的、要避开的因素，发现存在的问题，找出解决办法，并明确以后的发展方向。

当然，如果你的产品能够进行差异化的定位，比如具有开创性的新技术，甚至是对行业具有颠覆性的革命意义，目前还没有同类竞争产品，那么，你无须受这三个维度的限制，大胆地去占据一个最有利的定位即可。

那么，具体有哪些概念可以成为差异化的概念呢？在《与众不同》一书中，作者杰克·特劳特介绍了几点。

（1）成为第一：即在某方面具有开创性，或者立志在这方面做到第一。第一个进入客户心里，就能先入为主，这个概念是基于自身优势的维度。

在法国东南部有一个地方，许多情侣都喜欢去那里拍婚纱照，在大片的薰衣草中留下自己幸福的回忆，这个浪漫的地方就是普罗旺斯。

一提到普罗旺斯，大家就会想到薰衣草，但其实普罗旺斯并不只有薰衣草出名，这里的文化艺术和现代工业都很发达。天才画家凡·高曾在普罗旺斯生活过一段时间，创作了世界名画《向日葵》。大名鼎鼎的艺术家莫奈、毕加索也曾在这里展开过自己的艺术人生，说普罗旺斯是艺术家的摇篮也不为过。普罗旺斯的葡萄酒也非常有名，还有罗纳河两岸的酒庄，发展得都非常成熟。

但是最终，普罗旺斯凭借"一根草"成为世界上独一无二的浪漫之乡。为什么普罗旺斯选择薰衣草作为它的代表，而否定了"凡·高第二故乡""葡萄酒之都"这样的定位呢？因为这些定位都不是"独一无二"的，无法让普罗旺斯成为世间第一的浪漫之乡。

（2）拥有特性：特性是指某个人或某个事物的个性、特点或与众不同的特征。要注意的一点是，如果你的竞争对手已经说展现某个特性，那么，你就要找到一个不同甚至是相反的特性，因为模仿是无法打造自身的差异化的，反而会帮助竞争对手强化他们的差异化地位。

（3）领导地位：如果你的产品能占据某一个品类，成为这个品类的代名词，从品类概念的创造到标准的建立，都是由你的公司来主导，而且这款产品在该品类的市场占有率和销售额上已经占据绝对领先地位，那么，这就是最强有力的差异化。

（4）市场专长：打造差异化的目的，就是在消费者心里占据一席之地，赢得消费者的信任。而一个人或一家企业能聚焦于一个专长不断钻研，成为这方面的专家，这本身就是一种可靠的表现。

除了以上四个方面之外，还有新一代产品、独特的制造方法、热销、经典等，都可以成为差异化的概念，大家可以结合前面所说的三个维度，去找到最适合自己企业的差异化，将其提炼成核心价值。另外，还有一个方法也非常好用，那就是从消费者的"不满意"中去找灵感，比如不方便、不节能、不舒适、不放心等，消费者在使用某个同类产品时存在这些不满意的地方，说明他们有某些需求未被很好地满足，如果在这个方面把它做到最好，就可以将其变成自身的优势。

有一天，小王去买车，看了很多款车，都没有拿定主意。正当他犹豫不决的时候，一位销售顾问对他说："我们买车一般是家用，在车上坐得最多的就是我们的家人，所以，安全性是我们买车时第一个要考虑的。那么，什么样的车安全性更高呢？

"第一，车内四周都要有安全气囊。市面上的车大多是前面有安全气囊，但是一旦发生交通事故，我们是没办法决定车子被撞击的部位的。如果车内的四周都有安全气囊,就能更好地保护车内人员的安全。"

"第二,车的前后都加有防撞钢梁。只有车头有防撞钢梁是不够的,因为家里的老人和小孩一般是坐在车后座上,如果发生追尾事故,后面的老人和小孩就会很危险。如果在车后加上一个防撞钢梁,就能瞬间缓冲对后座的撞击力,保证车后座人员的安全。"

"我们的这款车正是基于对驾乘人员安全的考虑,设计得很周到,车内四周都有安全气囊,且车的前后都加有防撞钢梁。当然,它还有其他的优点,您可以进一步了解。"

听完了这位销售顾问的分析,小王当即决定购买这款车。

从以上案例中,你能看出什么呢?对产品进行差异化的价值定位,并为这个价值制定出选择的标准,其作用就是教会客户如何"选产品",而不是销售人员一味地"卖产品"。当这个标准根植于客户的心里时,最终的结果就是:选来选去,非你不可。

教客户选产品和一味地卖产品的区别是什么呢?见表2-1。

表2-1 教客户选产品和一味地卖产品的区别

选产品	卖产品
讲知识	讲产品
提供选择产品的标准	介绍购买产品的好处
身份是老师	身份是业务员
客户容易相信	客户容易怀疑

有一家做学生课外辅导的学校,他们的特点是"全科辅导"。

在与家长沟通的时候,学校的招生老师没有直接介绍"全科辅导"课程,而是先说:"大部分家长给孩子报辅导班都有这样一个习惯,就是孩子哪科弱就报哪科,比如数学弱就报数学辅导班。那么辅导学校为了体现辅导的效果,提升孩子的数学成绩,就一定会给孩子安排大量的数学辅导题。但孩子的精力和时间是有限的，如果都被数学辅导题占用了，那其他学科的成绩就容易下滑。"

家长听了之后点头说道："嗯，是的。"

这位老师继续说："所以家长在给孩子报辅导班的时候一定要考虑到这个问题，毕竟孩子的综合成绩是最重要的，不能顾此失彼。"

这时家长问道："那选择什么样的辅导班合适呢？你们的课程是怎样的？"

招生老师说："我们学校的辅导课的特点是'全科辅导'，也就是在照顾到孩子的主要辅导科目的同时，还能兼顾其他学科，让孩子的整体成绩有保障。目前几乎所有的辅导学校都是报什么补什么，只有我们辅导学校的全科辅导是照顾到所有学科的。"

在这个案例中，这位老师没有一味地推销课程，而是先提出问题，提供选择辅导课的标准，即不仅要照顾到弱科，还要确保整体成绩不下滑，然后提出自己的差异化价值点，从而让客户做出了选择。

3. 产品IP化

IP是Intellectual Property的缩写，字面意思为"知识产权"，特指具有长期生命力和商业价值的跨媒介内容运营。我们比较熟悉的超级IP有《西游记》《蝙蝠侠》《奥特曼》等。IP可以是动漫、游戏、艺术，也可以是一个角色、一个故事等。一个具有可持续开发价值的IP，就是超级IP。

在品牌人格化的趋势下，一个超级IP基本上就等同于超级品牌，自带流量和超级影响力，它是梦想的化身，是消费者的情感纽带。当然，在这里我并不是要和大家探讨如何打造一个超级IP，而是想要把打造超级IP的一些思路运用到产品力的打造上来，即产品IP化。

褚橙的代言人就是它的创始人褚时健老先生。褚橙没有讲它与其他橙子的区别，讲得最多的是关于褚时健老先生的人生故事，以及他如何耐住性子在衰牢山种橙子的故事。褚橙比普通橙子贵很多，但我们愿意为它埋单，仿佛褚时健老先生坚韧不屈、极度认真的品质，就等同于褚橙的品质。

美国营销大师菲利普·科特勒说过："一个成功的人格形象就是最好的公关。"

这是一个非常成功的产品IP化的案例。这样的例子还有很多，比如江小白的文化白酒，一改传统白酒的营销打法，打造了一个文艺青年的形象，赋予产品个性化的性格特征，与年轻人进行情感连接，从而占领了这一群体的餐桌。再比如雕牌推出的雕兄，它不仅是一个国民玩偶的形象，性格还很调皮，是个"段子手"，甚至可以变身为善解人意的人工智能伙伴，与用户沟通、聊天。

可以从六个方面来进行产品IP化的工作，在产品差异化核心价值的基础上，让产品有形象、有身份、有个性、有思想、有情绪、有故事，如下图所示。

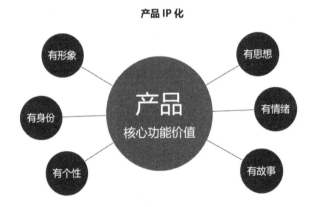

随着消费人群的年轻化，产品的沟通方式必须发生改变。将超级IP概念运用到产品力的打造上，最简单直接的理解，就是要**赋予产品精神内涵（有思想），与消费者产生情感共鸣（有情绪），讲关于产品的故事（有故事），塑造产品人物化形象（有形象），并针对特定群体的身份传递产品个性和价值（有身份、有个性）**，让这个产品变得有血有肉有灵魂，让客户不仅需要它，而且喜欢它。

三项原则

我有一套选择产品的"秘笈",我把它总结为三项原则,即三个"不做"。这三项原则既是打造产品力的需要,也是我个人运营理念的体现。

1. 不做与客户目标和利益相违背的产品

比如,针对青少年开发的网络游戏,在我个人看来,是应当受到限制的产品,因为它对青少年的成长具有一定危害性。作为一名营销人,我不会选择经营这样的产品,因为这样的产品销量越大,说明受损害的客户数量越多,既违背客户利益,也会让我内心不安。我们一定要去想,客户希望过上什么样的生活,**客户希望的,才是我们应该追求的**。

2. 不做抄袭模仿、没有独特价值的产品

抄袭模仿不但不能形成自身优势,反而会强化被模仿者的优势。无论如何,我们都要找到产品的"唯一性"或"第一性",因为唯有与众不同、具有独特价值的产品,才能建立竞争壁垒,避免陷入低价竞争的泥沼。

3. 不做对行业、对社会有害的产品

企业是行业发展的推动者,是社会的重要单元,除了盈利,企业还应当承担行业责任和社会责任。我们在谋求自身发展的同时,要尽可能做到推动行业的进步与发展,为社会注入正能量,这是企业长久发展的深层意义。而那种为了企业眼前利益而破坏行业规则、损害行业信誉的行为,是不可取的。

一条绿色通道

产品创造与产品力打造是一个持续的、动态的过程。在经营产品时,难免会出现某些质量问题,或者是随着客户需求的变化,需要对产品进行改进与升

级。既然产品是企业经营的基础,是打造企业营销力的前提,那么就**必须开辟一条最高级别的绿色通道,让市场对于产品的反馈信息能快速、精准地传达给企业的决策者。**

我所在的企业是这样做的,凡是与产品质量或产品改进相关的信息,必须第一时间上报给董事长。这一举措是对产品品质的重视,也是对企业生命力的保障,既体现了企业高度负责的态度,也有利于产品的持续改进。

第三章

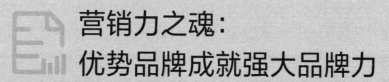

营销力之魂：
优势品牌成就强大品牌力

品牌力是指该品牌对于客户心智的占领能力和影响客户购买决策的能力，它是知名度、美誉度和诚信度的有机统一。优势品牌能让产品在海量的商品中脱颖而出，被消费者看见并喜爱，成为同类产品中的佼佼者。

品牌营销无处不在

品牌是什么？也许你无法立刻给出这个问题的答案，但其实你每一天、每一刻、每一分、每一秒都在接触"品牌"。

一位白领女性，早上起床，喝完一杯"伊利"纯牛奶，吃掉一个"德青源"的鸡蛋，然后用"佳洁士"牙膏刷牙，用"欧莱雅"的护肤品护肤，擦上"阿玛尼"的粉底液，抹上"迪奥"的口红，喷上"香奈儿"的香水，穿上一套"哥弟"的职业女装，提上"联想"手提电脑，拿着"华为"手机，背上"古驰"包包，开着"奔驰"车去上班……

这是一位高级白领一天的开始，数数她用到了多少个品牌？也许你会说，我是个普通人，没用过这些品牌，我不追求品牌。你确定吗？你喝的矿泉水是娃哈哈还是农夫山泉，你用的洗发水是海飞丝还是飘柔，你家的洗衣液是蓝月亮还是超能，你用的手机是华为还是苹果，你穿的运动鞋是安踏还是耐克……不管是民族品牌还是国际品牌，不管是高端品牌还是中低端品牌，不管是衣食还是住行，我们生活的方方面面都在和品牌打交道，凡是你能想到的品类，都有各种各样的品牌。

没有人能逃脱品牌的影响

孩子们喜欢吃的巧克力、棒棒糖、汉堡、薯条，以及喜欢去的游乐园，是哪些品牌呢？

女人们喜欢逛的商场、常用的化妆品，是哪些品牌呢？

男人们戴的手表、穿的衬衫、开的车，又是哪些品牌呢？

当我说到这些类别时，我相信，每个人的脑子里都会闪现出自己熟悉和信赖的那个品牌的名字。

就连我们的上一辈人，也有他们记忆和怀念的品牌，比如凤凰牌自行车。

可见，品牌存在已久，它是人们选择商品时的代码，甚至是区分人与人之间身份地位的标志。

是谁教你选品牌的

你想过这个问题吗？是谁在教你选择品牌？你的选择过程是理性的吗？假如你想买一款去屑洗发水，你是把货架上所有品牌的去屑洗发水都试用了一遍之后，再选择其中一款效果最好的，还是看商家的广告和听推广员的介绍，然后做出选择的？我猜，很少有人是前者吧。

这就是品牌营销的作用所在：**沟通价值，建立认知**。正是因为消费者在选择购买时无法做到绝对理性，所以就需要品牌方通过各种方式，在消费者心里建立起对该商品价值的认知，提前占领消费者的心智，从而使消费者在购买时能优先想到这个品牌并最终选择这个品牌。

现如今，品牌营销无处不在，消费者心中那片小小的认知领域早已成了成千上万个商家的必争之地。广告铺天盖地，各种概念让人眼花缭乱，不管好的赖的，都往品牌之路上挤。结果，导致现如今品牌泛滥，消费者出现了"选择困难症"，"品牌"这个词已经不再完全等同于"优质产品"，部分消费者甚至逐渐对品牌失去了信任。

那么，品牌建设的本质是什么？企业在重视品牌建设的过程中，又走入了哪些误区呢？

抓住品牌建设的本质，避免掉进误区

我国过去实行计划经济，价格不能自由变动，市场在资源配置中不起作用，形成了市场物资短缺、供不应求、买卖关系处于卖方市场的状态，消费者的选择很少，企业也不是市场的主体，其主要功能就是生产产品，不需要在品牌建设上花费心力。

但随着市场经济的发展，社会告别了物资匮乏、长期短缺的状况，出现了物资丰富、市场繁荣的景象，买卖关系也进入了买方市场状态，消费者的选择范围迅速扩大，在市场中的地位也越来越高。著名品牌大师杰克·特劳特在《什么是战略》一书中说道："最近几十年里，商业发生了巨变，几乎每个类别可选择的产品数量都有了出人意料的增长。比如，在20世纪50年代的美国，买小汽车就是在通用、福特、克莱斯勒等美国汽车商生产的型号中挑选。而今天，则可以在通用、福特、克莱斯勒、丰田、本田、大众、日产、三菱、雷诺、宝马、奔驰、现代、沃尔沃等几百种车型中挑选。"这种情形，其他各行各业都在发生。

如今，我们国家也在从"中国制造"向"中国创造"的方向转变，从过去的世界工厂走上了品牌发展之路。近些年，我们看到了一批优秀的中国品牌走出国门，走向世界。电视上、高铁上也经常会播放全国各省市的当地旅游文化宣传片，输出城市品牌名片。品牌建设大潮奔涌而来，打造品牌已经不仅仅是为了方便消费者识别，更是提升企业经营效益和竞争实力的必行之策。

中国有个成语叫"数一数二"，当我们夸奖某个人或者某个东西出类拔萃时，会说"这是数一数二的"。这和杰克·特劳特在定位理论中著名的"二元法则"是高度一致的。未来，在每一个品类中，第一名和第二名的品牌将占据消费者的心智，占领绝大部分的市场份额，而其他众多小品牌则只能分一小杯羹，甚至会默默消失。

商品能否在市场上卖出去，是决定企业存亡的关键因素。在《马克思恩格斯全集》一书中，马克思把商品到货币形态的变化称为"惊险的跳跃"，他提出：

"这个跳跃如果不成功，摔坏的不是商品，而是商品所有者。"正因为如此，企业开始使用各种各样的方法，希望能让自己的商品在海量的商品中脱颖而出，被消费者看见并喜爱，成为同品类中数一数二的那一个。然而随着品牌热度的不断提升，一些企业把品牌建设当成了说服客户掏腰包的工具，偏离了品牌的本质，走入了品牌建设的误区。

品牌建设的误区

在品牌建设的过程中，容易掉进哪些误区呢？这里我总结了三个误区，分别如下。

1. 过度依赖广告

知名度是品牌建设的一个维度，它是指一个组织（或一个品牌）被公众知晓、了解的程度，即组织对社会公众影响的广度和深度。知名度是衡量组织名气的客观尺度，也是潜在消费者认识到或记起某一品牌是某类产品的能力。

提升知名度的方法有很多，如借助名人效应、借助热点事件、借助文化背景、借助标杆企业、借助客户口碑等。品牌知名度的高低分为三个层次。

第一个层次是品牌识别，即对于某一品类的一系列品牌名称，被调查者听说过哪些。

第二个层次是品牌联想，即对于某一特定的品类，被调查者能想到的该品类的一些品牌名称。在没有告知品牌名称的情况下，如果潜在消费者能将品类与品牌名称相关联，说明该品牌具有较强的品牌定位，且品牌价值得到了有效传播。

第三个层次是心中首选，即针对某一特定的品类，潜在消费者第一个想到的且优先考虑购买的品牌。这是知名度的最高境界，意味着该品牌在人们心中的地位已经高于其他同类品牌。达到了这一个层次，企业就拥有了强大的竞争优势。而要达到这一层次，不仅仅是要进行广告宣传、品牌定位和价值传播，更需要在客户端形成价值认同。

然而,在提升知名度的过程中,一些企业往往只停留在第一个层次,只关注品牌名称是否被更多的人知道,于是将品牌建设的几乎所有投入都放在了广告宣传上,结果是一夜成名,然后昙花一现。

某初创企业在产品上市之初,为了提高知名度,开展了铺天盖地的广告攻势,省级电视台的农业频道、县级电视台、当地农业科技报以及大街小巷的墙体广告,都是该企业的宣传内容。广告所到之处,还配合有线下的培训订货会,会上场面热闹、订单火爆,当地经销商一看这阵势,信心满满,大量囤货。可是,订货会开完后,该企业的销售团队撤离当地,停掉了广告,转战下一个市场。而当地客户使用产品后反映效果不佳,问题不能得到及时处理,纷纷找当地经销商退货。

谁承想,这家企业的营销策略就是借助广告攻势,赚一波走人,换个地方,按照这个套路重来一次,没有想做回头客。可是对于当地经销商来说,客户对他们的信任是他们在当地的立足之本。遇上这样的企业,他们也只能自认倒霉,怪自己太轻信广告。

因此,品牌建设和品牌知名度的打造不等于广告宣传,广告宣传做得大,不代表这就是个好品牌。企业和消费者都不要掉进这个误区才好。

2. 不能做到专注聚焦

为了让品牌名称被更广泛地认知,也为了扩大企业的收益途径,一些企业选择多元化、多品牌经营。对于具备资金实力、管理能力和品牌运营能力的企业来说,合理地对品牌做延伸,进行多元化、多品牌经营是可以的。但是实际上,大多数企业并不具备这个综合实力,想要建立自己的品牌优势,更需要专注和聚焦。

一方面,专注才能更专业。一位从事儿童疾病诊断 30 年的儿科医生,与一位做了10年儿科医生，又做了10年行政后勤，又做了10年医药销售代表的人相比，毫无疑问，前者给病人的可信度会更高，这是用时间和经验积累出来的信任。一个人一辈子只专心做好一件事，这本身就是一个了不起的、具有品牌传播价值的故事，企业同样如此。

另一方面，专注与聚焦才能形成更明确的品牌定位。品牌定位是成功打造品牌的前提。品牌定位的维度包括市场定位、价格定位、形象定位、地理定位、人群定位、渠道定位等。总的来说，品牌定位就是针对某一特定人群，选择特定的销售渠道，设定对应的价位，提出符合该人群需求的价值主张，树立鲜明的、有别于对手的形象，并在该人群心中占据有利位置。基于此概念可以看出，专注聚焦才能目标清晰，目标清晰才能定位精准，定位精准方能成就品牌。

再者，专注聚焦才能集中精力办大事。盲目多元化、多品牌运作，不但不能形成规模经济为品牌加分，反而会出现规模不经济的现象，为品牌减分。大部分企业走多元化、多品牌的道路，无非就是想形成"通吃"的局面，但是，不切实际的贪婪只会带来自残的后果。一个品牌都还没有做好，没有做到品类中的数一数二，就想弄两个、三个，甚至更多，这样只会让精力分散，结果是哪一个也没做好。杰克·韦尔奇在成为通用电气的CEO后，将不属于"数一数二"的业务关停，全力聚焦于客户心中最具有品牌影响力的业务，这一举措让通用再续传奇，也为他自己赢得了"世界第一总裁"的美誉。这样伟大的企业尚且如此，更何况大部分的中小型企业呢？

总之，多元化、多品牌是把双刃剑，把握得不好则一损俱损，企业需慎之又慎。当然，专注和聚焦不等于一成不变，一条道走到黑。在坚持品牌核心元素和专业领域不变的基础上，结合不同时代的环境变化和消费者需求变化，合理地进行品牌内容的延伸与创新是可以的，也是有利于企业持续发展的。

北京同仁堂是全国中药行业著名的老字号，创建于1669年，从1723年开始供奉御药，历经八代皇帝共188年，其产品以配方独特、选料上乘、工艺精湛、疗效显著而享誉海内外。

但是近期，我在某媒体上看到这样一条消息：北京同仁堂开了一家养生咖啡馆。看到这则消息，你脑子里是不是冒出来这些疑问：在中药店喝咖啡，风格不搭吧？同仁堂要转行了？同仁堂药店经营不善？

别着急，听我慢慢道来。

同仁堂的养生咖啡馆，官方名称叫作"知嘛健康"。咖啡馆分为两层，一楼主要是吃喝，店铺设计结合了许多中药的元素，产品也是中西结合，比如枸杞拿铁、罗汉果美式、益母草玫瑰咖啡等，而且咖啡里不加糖，只加蜂蜜，还有各种应季的养生餐。这些在年轻人喜欢的饮品和食品形态上衍生出来的新产品，既充分发扬了中药文化，又满足了当前消费者对于休闲、养生的需求。咖啡馆的二楼就是传统的中药铺，还是熟悉的药柜陈设和中药味道，在这里，挂号、问诊、抓药、煎药都可以完成，非常方便。

想象一下：以前去那些有名的中医院问诊抓药，需要排很长的队，有时候连坐的地方都没有。现在，在同仁堂的养生咖啡馆里，边喝咖啡边排队，问诊抓药再也不是一件辛苦活了，而且这里的饮品和食品还非常养生健康，大大提升了客户的消费体验。

同仁堂的这一创新之举和品牌延伸，既没有偏离它的品牌核心主张，又符合新时代的消费习惯，进一步发扬了同仁堂的品牌文化，我认为其他老字号企业也可以向同仁堂学习。

3. 创意想法太多

我自己也犯过这个错误，我想法比较多，也很喜欢创新，同一件事情总想用不同的方式来做，希望能创造不一样的惊喜，于是产品广告月月出新，品牌活动年年变换，我还为此沾沾自喜。直到有一天听了华杉老师的品牌课，他说："打造品牌，就是要少干活、多赚钱，品牌传播就是要重复重复再重复。"我这才恍然大悟，原来自己走在一条错误的道路上而不自知。

但是我不甘心，还想验证一下华杉老师的观点对不对。于是在一次培训会上，我问台下的合作伙伴和客户："大家能说说我们每一款核心产品的广告语吗？"结果现场你一句我一句，各式各样的广告语，有些是公司曾经推出的，有些是他们自己编的，但就是没有一句广告语是统一公认的。那一刻，我哭笑不得，我终于意识到，我们在品牌建设上做了太多的无用功。

品牌传播的目的是什么？不就是让企业输出的品牌内涵在人们心里打上烙印，使人们对该品牌的认知和企业输出的品牌内涵之间尽可能地画上等号吗？可是，如果我们自己输出的品牌内涵就凌乱繁杂，又怎么能让别人形成清晰、准确、统一的认知呢？

品牌建设的本质

为什么会出现上述品牌建设的误区，我觉得主要是因为偏离了对品牌本质的坚持，过于注重自己想表达的，而忽略了客户想要的。

品牌的主要功能是什么？消费者为什么要选择有品牌的商品？简单来说，就是为了方便识别和选择、降低购买风险、质量可靠有保障。

因此，我认为企业进行品牌建设的本质，就是减少消费者的选择成本，帮助他们做出正确选择，并承担起品牌责任。一句话概括：你选我，出了问题我负责。这应当是作为一个经营者、一个营销人的使命和对自我的要求，我们要找准目标客户，并为他们推荐最合适的解决方案，因为我们经营的不仅是产品，更是我们自己的人品。

一个好的品牌，至少应具备三个特点：**方便识别、保证质量、承担后果**。

方便识别：有琅琅上口的品牌名称、通俗易懂的广告语和清晰明确的品牌定位，让消费者易于分辨和记忆。

保证质量：商业的本质是创造价值，营销的本质是通过为客户创造价值从而实现企业目标，其核心都是创造价值。那么，品牌的建设同样不能脱离价值，而实现价值的载体就是高品质的产品，所以，一个好品牌的根基就是产品质量，品牌必须对质量负责。

承担后果：产品出现了质量问题怎么办？如果你买的不是品牌商品，那么只能自认倒霉；如果你买的是品牌商品，那么由品牌担责。这是品牌对于客户最重要的价值之一。可惜，有些企业一面在宣扬自己的品牌有多么好，而另一面，当产品出现质量问题时却推卸责任，不愿承担，这是品牌建设的大忌。

我在经营管理过程中，要求员工在对待产品客诉事件时的处理方式是这样的：只要客户反映产品质量问题，首先向客户道歉，并在第一时间给客户退换产品；如果情况比较严重，我会亲自打电话表达歉意，同时还会给予客户一定的奖励，感谢他帮助我们持续改进。**不管是什么原因，先承担、后自查，这是我的原则和态度**。

也许有人会问："如果客户反映的不是真实情况，而是故意找茬，那我们也承认错误吗？这岂不是会给企业造成损失？"我的回答是："一样承认错误。首先，我们要相信客户，这种恶意行为是极少数的。即使客户是故意的，企业又能有多少损失呢？如果你去质疑客户，找各种理由去解释、说服客户接受真的存在问题的产品，你想过这对品牌的伤害有多大吗？'不相信'所要付出的代价远远高于'相信'的成本。**我一直坚信，真诚待人吃不了大亏。发心至善，过程至真，结果至美**。"

人非圣贤，孰能无过。没有完美的个人，更没有完美的企业，犯错是再正常不过的事。家长经常会对孩子说："知错就改，还是好孩子。"同样的道理，犯错能认、知错能改，还是好品牌。我们打造品牌，并不是要建立一个完美的品牌形象，因为完美形象不仅不会让消费者产生信任，反而会让人感觉很虚假，完美人设总有一天是要崩塌的。我们要建立的是一个负责任的品牌形象，从踏上品牌建设之路的那天起，我们就已经把品牌放在了聚光灯下，就要接受消费者和社会的监督。

心有所信，方能行远。各位企业家和经营者，如果你想要走上品牌之路，那么就请你做好承担责任的准备，为消费者提供有价值的好产品，帮助他们做出正确选择，降低选择成本。如果你只是想赚钱，没有做好承担责任的准备，那么请不要做品牌，不要玷污了"品牌"这两个字。因为**"品牌"不是用来说服客户掏腰包的工具，而是你对客户的一份承诺，一份责任**。另外，我也建议优秀的经营者们，一定要选择有德行、重品质、讲信用的企业合作，千万别因为不良商家而破坏自己的底线。

品牌建设：始于品牌输出，终于客户认知

前面说过，打造品牌的本质是，减少消费者的选择成本，帮助他们做出正确选择，并承担起品牌责任。那么，品牌的建设包括哪几个部分呢？下面将进行讲解。

品牌的定义

品牌（brand）一词来源于古挪威文字brandr，它的中文意思是"打上烙印"。当时，西方游牧民族在马背上打上不同的烙印，用以区分自己的财产，这是原始的商品命名方式，同时也是现代品牌概念的来源。

"品牌"这个词应用到现代商业中，指的是品牌商或品牌主体在产品上打上某个烙印，以便区分自己和其他竞争对手，同时，也便于消费者识别和记忆。从品牌商的角度来说，品牌是能给品牌拥有者带来溢价和增值的一种无形的资产，它的载体是一种名称、术语、符号和设计，或者是它们的组合。而从消费者的角度来说，品牌则是消费者对一个企业及其产品、售后服务、文化价值的评价和认知，也是一种信任。

从以上概念可以看出，品牌的形成，一方面来源于企业赋予其内涵，另一方面来源于客户对其产生的评价和认知。一个品牌好不好，企业单方面说了不算，客户认不认才是根本，客户愿意为其买单的品牌才是好品牌。

前面讲产品力时谈到，产品是由技术和市场共同创造的，而品牌的建设则是由企业与客户共同完成的。尤其是在互联网时代，自媒体迅猛发展，人人都有了公开发声的机会，正面的客户评价可以帮助品牌快速壮大，但负面的客户评价也可以让品牌一夜崩塌，正所谓"水能载舟，亦能覆舟"。因此，客户对品牌的认知和评价是品牌建设的重要内容，在品牌形成过程中占据了半壁江山。

品牌建设的两个核心

品牌建设包含两个核心,即企业赋予品牌内涵和客户对于品牌的认知。品牌的建设,始于品牌输出,终于客户认知,而品牌力打造的核心目标,就是让企业输出的品牌内涵与客户对品牌的认知画上等号,如下图所示。

品牌建设的两个核心

关于品牌打造的书籍很多,理论也非常丰富,如果每种理论、每个方法都去运用,恐怕会走入品牌建设的迷阵里。因此,我将多年来学习过的品牌建设经典书籍与自身10余年的实践进行结合,绘制了这幅简单明了的图,供读者参考。掌握了这幅图,也就掌握了品牌建设的基本要领。

企业输出的品牌内涵

品牌内涵主要包括五项:品牌名称(LOGO)、品类定位、广告语、品牌故事、品牌个性。

品牌名称:名称是一个品牌最基础也重要的内容,就好比一个人的名字。品牌的打造,从取名字时就已经开始了。一个好的品牌名称,不在于它有多么高雅、多么另类,而在于它是否符合目标群体定位,是否能传递企业想要传递的品牌内涵,以及它是否容易被消费者认识和记住。一个好的品牌名称,可以降低品牌传播的成本。

假如有一款男士护肤品，它的名字是"非凡"，另一款男士护肤品的名字是"娇颜"，作为一个具有阳刚之气的男士，你会选择哪一款产品呢？据调查，绝大部分男士都会选择前一款产品，因为他们觉得"非凡"更符合自己的气质诉求。看，男士也是感性的，他们也会将品牌名称与自己的个性特征进行情感连接，从而选择最适合自己的、"看得顺眼"的产品。

在杰克·特劳特的《定位》一书中，有这样一个实验：将两组名字分别放在小学四、五年级学生写的作文中，一组是大众化的名字，如戴维和迈克尔，另一组是比较生僻的名字，如休伯特和埃尔默。然后，把分别放有这两组名字的作文给不同的小学老师打分。结果，含有戴维和迈克尔这两个名字的作文的平均分数，要比含有休伯特和埃尔默这两个名字的作文的平均分数高出一级。而实际上，这两组作文的内容是一样的。

我所服务的企业长沙绿叶，在给品牌取名时是十分讲究的。比如，企业名之所以叫"绿叶"，有两层含义：一是我们只开发绿色安全的新技术和新产品；二是代表我们的服务宗旨——绿叶企业和绿叶人都是绿叶，客户是红花，红花配绿叶，绿叶护红花。而且，绿叶这个名字通俗易懂，很好记忆，给人一种清新的感觉。

由此可见，品牌名称有多么重要。它不仅仅是一个符号，也代表着企业的战略定位和价值取向。优秀品牌的名称背后，通常还有一些动人的故事，随着故事的流传，品牌也广为人知。

品类定位：品类定位包含两个方面。一是身份定位，即你对你的品牌身份和地位的一种期望和目标，比如，香飘飘奶茶是"杯装奶茶开创者"，王老吉是"中国凉茶领导者"，长沙绿叶是"保健养猪领域开创者和领跑者"等。二是价值定位，即你的产品能为消费者带来的核心价值，其作用是区别于竞争对手，影响消费者产生购买行为，比如，公牛插座，安全插座领先者；沃尔沃，安全的汽车。

广告语：广告，顾名思义就是广而告之，那广告语就是能够帮助品牌起到广而告之作用的词语或语句。

这个定义里有三层含义：首先，广告语宣传的是你的品牌，所以广告语里必须含有品牌名称，否则广告语流传得再广也跟你没关系；其次，广告语要体现品牌给消费者的核心价值，促成消费者购买；最后，广告语要便于传播，因为要想真正发挥广而告之的作用，不仅要靠企业去说，更重要的是能够让广大消费者去传播。因此，评价一条广告语好不好，就看别人愿不愿意说，愿不愿意为你传播。

从以上三层含义，我们可以得出广告语应当包含的三要素：品牌名称、核心价值、简单通俗且具有号召力的词句。我们身边有很多优秀的广告语，都包含这三个要素和特点，它们琅琅上口，广为流传。比如，怕上火，喝王老吉；好空调，格力造；爱干净，住汉庭；知识就在得到（App）；困了累了，喝红牛；人头马一开，好事自然来；今年过节不收礼，收礼只收脑白金……因此，我们在创作自己的广告语时，可以从上面讲到的这三个方面来思考和设计。

亚里士多德总结了修辞学的四个要领。

第一，普通的道理。

第二，简单的字词。

第三，有节奏的句式，或者押韵。

第四，使人愉悦。

这部分内容，推荐读者朋友去听听华杉老师在得到 App 的《品牌营销》音频课程。

品牌故事：即从品牌历史、品牌理念、创始人故事等角度，以讲故事的方式赋予品牌精神内涵和灵性，使品牌更加丰富和生动，更能在情感上与消费者产生共鸣，甚至成为某种谈资，被消费者谈论和传播。

我认为，中国是最会讲故事的国家，从古至今，我们从不缺乏生动有趣的民间故事，比如，古代神话故事盘古开天辟地、女娲补天、愚公移山、西游记，近代的雷锋的故事、铁人王进喜等。故事是人类文化的基本元素和重要标识，具有独特的影响力和感召力。周恩来总理曾经向国际友人介绍《梁山伯与祝英台》，只说了一句话："这是中国的罗密欧与朱丽叶。"西方人立刻就明白了，这些故事里蕴含的情感是不分国界的。

党的十八大以来，我们国家反复强调要"讲好中国故事"，让人民从中受到鼓舞，让世界了解真实、立体的中国。在2020年的新冠疫情防控期间，人民日报公众号里推出的最多的新闻，就是在一线抗击疫情的医护人员的英雄故事。这些故事中既有人物情节，也包含着中华民族的精神，这些精神随着故事口口相传，支撑中华民族渡过了一个又一个难关，对我们国家的精神文明建设起到了重要作用。

"张瑞敏砸冰箱"的故事让人们对海尔的品质建立起了信任；"褚时健种橙子"的故事让人们对"褚橙"肃然起敬；钢铁侠、绿巨人等故事成就了一个又一个超级IP……讲故事，一直以来就是塑造品牌的有效手段，为品牌整理出属于它的专属故事，是品牌建设的重要内容。

我的大女儿名叫"书芊"，有一次我告诉她："你知道你的名字是怎么来的吗？"女儿疑惑地对我摇了摇头。我说："'芊'字是指草木茂盛的样子，书芊从字面上来理解，就是爸爸妈妈希望你能博览群书，成为有知识、有内涵、有趣味的人。但是你知道吗，这个名字里面还藏着一个爱情故事哦。"这时女儿把眼睛瞪得大大的，兴奋地问我："什么故事啊？"我接着说："'书芊'谐音'书签'，你爸爸追我的时候，送我的第一份礼物就是一枚精美的书签，他自己也喜欢收藏各种各样的书签。我见这小伙子这么爱读书，心想他的人品一定不会差，所以就对他心生好感啦。"听完，女儿害羞地笑了，然后问："那妹妹的名字又是怎么来的呢？"我说："妹妹的名字来源于一首诗，'兰若生春夏，芊蔚何青青'，兰花和杜若开在春夏间，而你和妹妹也是生于这个季节，'芊'代表你，'蔚'代表你妹妹。怎么样，是不是感觉很美好？"女儿听了，开心极了。

每个人都有自己的故事，企业也是一样的，那么，哪些故事是值得传播的品牌故事呢？当然是与品牌定位、品牌理念和品牌个性相关的，能树立品牌积极形象，让消费者对品牌产生好感和信任感的真实故事。这些故事必须是真实的，不能胡编乱造，它可以是创始人的创业故事、与企业经营理念相符的经营故事、员工或客户与品牌之间发生的故事等，还有那些能够体现品牌责任感的危机事件，也可以作为品牌故事。这些故事最好由专门部门去收集、整理，并统一对外发布。

品牌个性： 品牌个性是消费者认知中品牌所具有的人格特质。塑造品牌个性之所以有效，是因为消费者在与品牌建立关系时，往往会把品牌视作一个形象、一个伙伴或一个人，甚至会把自我形象投射到品牌上。品牌个性与消费者个性或消费者期望的个性越吻合，消费者就越会对该品牌产生偏好。

为品牌赋予个性，就是品牌人格化的过程。人们常说，物以类聚，人以群分。当品牌具有了某些个性，就会被具有相同或相似个性的消费者所接纳。这时，消费者购买和使用该品牌产品，就不仅仅是一种消费行为，还是一种情感行为，是消费者对自我个性的认同与宣扬，甚至是消费者自己与自己内心的一场对话。

让我印象非常深刻的白酒品牌江小白，通过品牌个性的打造，异军突起，在厮杀激烈的白酒领域走出了一条朝气蓬勃的品牌之路。

江小白，年轻人的白酒。"小白"原本是菜鸟、新手的意思，现已成为江小白所提倡的一种价值观，寓意追求简单、绿色、环保、低碳生活的都市年轻人。江小白致力于传统重庆高粱酒的老味新生，以"我是江小白，生活很简单"为品牌理念，坚守"简单包装、精制佳酿"的反奢侈主义产品理念，坚持"简单纯粹，特立独行"的品牌精神。"简单纯粹"既是江小白的口感特征，也是江小白主张的生活态度。江小白提倡年轻人直面情绪，不回避，不惧怕，做自己，并衍生出"面对面约酒""好朋友的酒话会""我有一瓶酒，有话对你说""世界上的另一个我"，以及"YOLO音乐现场""万物生长青年艺术展""看见萌世界青年艺术展""江小白 Just Battle 国际街舞赛事"等文化活动。

品牌传播的载体除了产品，还有企业、代言人 IP、品牌活动、技术专栏等，企业可以围绕这些载体，结合上面说的品牌内涵的五个部分，给每一个品牌载体都整理出一套完整的输出内容，从而形成立体的企业品牌体系，并将其从不同的维度渗透进消费者的心里。

客户认知的形成过程

前面讲过，品牌的建立是由企业与客户共同完成的，品牌的一半是企业输出，另一半是客户认知。因为客户不仅仅是作为消费者使用产品，同时还是品牌内容的生产者和传播者。而品牌力打造的核心目标，就是让企业输出的品牌内涵与客户心里的品牌认知画上等号。

那么，客户对品牌的认知是如何形成的呢？我认为大致分为五步。

第一步：看到。在某些场合看到该品牌的名称或标志，听到该品牌的广告语、故事等。

第二步：记住。看到或听到的频次多了之后，对该品牌有了一定印象，记住了该品牌所代表的品类及价值。在此要注意一点，要想让消费者记住你的品牌主张，就一定要对品牌传播的内容进行聚焦和重复，不能总是推出新的东西。

第三步：购买。当某一天需要该品类的产品时，能想起这个品牌并选择购买和尝试使用。

第四步：信任。在使用了该品牌的产品后，亲身体验到了它所带来的价值，从而产生信任和重复购买的行为。

第五步：传颂。当该品牌带来了物超所值的惊喜时，在心里进一步强化对该品牌价值的认同，愿意主动分享给身边的亲朋好友，成为该品牌口碑的传颂者。

完整的形成过程是这样的，但在现实中，没有这么严格的时间顺序和界限。从持续建立品牌认知这个角度而言，品牌经营者还是要采取一些传播方式，让消费者能经常看到你的品牌，听到你的品牌，记住品牌的核心内涵。因为我们建设品牌的目的，不是让消费者只购买一次，而是重复购买，不仅是自己买，还乐意推荐别人来买。最终，让品牌成为可以变现的资本。

成功的品牌是可以变现的

在华杉老师的品牌课中，关于品牌资产的理论我非常认同。他说："品牌资产是可以带来效益的消费者品牌认知。我们对于品牌建设的投入不是成本，而是一种投资，消费者对于品牌的认知度和信任度越高，品牌作为资产的变现能力就越强。"

下图中，企业输出的品牌内涵与客户对品牌的认知的交叉部分，就是品牌认知。交叉部分的面积越大，说明客户的品牌认知度越高，品牌力越强。因为品牌力是指该品牌对于客户心智的占领能力和影响客户购买决策的能力，是让客户能记住你、选择你、传颂你的重要决定因素。

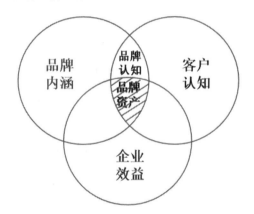

能够变现、带来企业效益的品牌认知，就是品牌资产，也就是企业输出的品牌内涵与客户认知、企业效益三者的交集。阴影部分的面积越大，说明品牌的变现能力越强。

下面来看全球著名的体育用品品牌——NIKE 的案例。

品牌名称

NIKE 的英文原意是"希腊胜利女神"，中文音译为耐克。NIKE 这个名字易读易记，它的商标图案是个对勾，象征着希腊胜利女神翅膀上的羽毛，代表着速度，也代表着动感和轻柔。

品类定位

NIKE 一直以激励全世界的每一位运动员并为他们奉上最好的运动产品为光荣任务，首创了气垫技术、新型缓震技术等，这些技术运用到了 NIKE 的运动鞋、服装等系列产品中，为运动员提供了更舒适、更安全的运动体验。

广告语

人们非常熟悉的 NIKE 的一句广告语是：JUST DO IT。意思为：只管去做；或想做就做、坚持不懈；或我只选择它。这是 NIKE 公司的精神理念，也突出了它的目标消费群体——有自我意识的年轻人。

品牌个性

NIKE 开拓市场首先定位的人群是青少年，这个群体有一些共性：热爱运动、崇敬英雄人物、希望受人重视、思维活跃、想象力丰富且满怀梦想。针对这个群体的共同特征，NIKE 相继与一些受青少年喜爱的知名体育明星签约，如罗纳尔多、德罗巴、罗纳尔迪尼奥、法布雷加斯等，并拍摄了许多创意十足的广告，在电视广告的黄金时段高频次播出。这种请品牌代言人的措施，极大地突出和强化了 NIKE 的品牌主张，并将其品牌个性与主要消费群体的个性特征相连接，与消费者产生情感上的共鸣。

品牌故事

1963 年，菲尔·奈特（曾是俄勒冈大学田径队选手）和他的导师比尔·鲍尔曼共同创立了一家名为"蓝带体育用品"的公司，这家公司就是 NIKE 公司的前身。NIKE 公司于 1972 年正式成立，距今已有近 50 年的时间。在这近半个世纪的时间里，NIKE 在产品研发、市场开拓和品牌价值成长方面都取得了卓越的成就。2020 年，全球最具价值的 500 大品牌榜发布，NIKE 排名第 40 位；全球最具价值的 50 个服饰品牌排行榜中，NIKE 排名第 1 位；《财富》全球最受赞赏公司榜单中，NIKE 排名第 13 位。

品牌资产

如今在消费者心里，尤其是在热爱运动的消费者心里，"NIKE"就等于高端体育用品，是青年文化的一部分，是他们的"运动伙伴"。即使是在同一家工厂生产出来的同等材质和做工的T恤，贴上"NIKE"标志的和没有贴的，在市场上的售价也有天壤之别，NIKE的粉丝们愿意为它付出更高昂的代价。而且，NIKE旗下的其他产品，如童装、眼镜、手表、运动器材等，同样也为NIKE公司带来了高收益。这便是品牌作为资产的变现能力。

在这个案例中，我们看到了一家世界级公司的品牌建设的清晰脉络，值得我们好好研究和学习。

总之，**品牌的建设，必须由企业和客户共同完成**。企业输出的品牌内涵，只有变成了客户心里对品牌的认知，才算成功，才能为企业带来效益。因此，品牌建设的核心目标是让企业输出的品牌内涵与客户对品牌的认知画上等号，而品牌建设的最终目的则是要让品牌变成可以持续为企业带来效益的资产。这个效益分为两个部分：一部分是消费者购买该品牌旗下的所有产品带来的显性效益，另一部分是消费者免费传颂你的品牌所带来的隐性效益。有了这个观念，我们在进行品牌建设投入时就有了方向。能形成品牌资产的事情，即使投入很大也是值得的；不能形成品牌资产的事情，即使投入很小也是一种浪费。

打造优势品牌的"331"法则

打造优势品牌力的目标,就是要帮助品牌成为同品类中"数一数二"的那一个,让品牌知名度完成从品牌识别到品牌联想,再到心中首选的三级跳跃。

关于品牌的理论有很多,秉持便于理解和应用的原则,我不再去重复和罗列前辈们的理论,而是把我在实践中的一些做法进行总结提炼,分享给大家。基于这个原则,我将优势品牌的打造也归纳为一套"331"法则,与读者分享。

三个步骤

打造优势品牌的三个步骤是:品牌设计、精准传播、坚持重复。下面一一阐述。

1. 品牌设计

我自己曾经有过两次丢失随身财物的经历。

一次是发生在我上大学期间,有一天我和宿舍好友去市区取钱,那是当月的生活费,取完钱后我们去超市购物。正在超市逛着的时候,我看到水果区堆了一大堆沙田柚在促销,一块钱一个,超市里的顾客蜂拥而上去抢购,我也是其中一个。等我挤进人堆,挑好了沙田柚钻出来后,顿时傻眼了,我腰间的挎包拉链被拉开了,里面的钱包不翼而飞。

还有一次是我工作的第二年,那时我终于攒够钱买了一台白色的苹果笔记本电脑。有一天挤公交车上班,排队等车的人很多,为了能把手腾出来抓住车门挤上去,我把红色的手提电脑包斜挎着,顺着人流往车上挤。等我上车后发现,手提包开了,电脑不翼而飞。可怕的历史再次重演!

后来我总结,这两次事件都是因为我受到了从众心理的驱使而发生的。从那以后,我就给自己定了个规矩:再也不去人堆里凑热闹,人多必乱。没想到,多年后这个规矩也成为我在建设品牌时的信条:**要做品牌,就要开辟一条属于**

自己的路，要与众不同、独一无二，坚决不从众、不扎堆。

在品牌设计时，如何做到不从众、不扎堆呢？

首先，从创造产品这一步就已经开始了品牌的建设。如果能开发出新的技术、新的品类、新的产品，那么就是最高级的品牌建设，比如，华为的5G技术、腾讯的微信应用软件等。如果企业的研发实力达不到这么高的水平，做不到开创一个新品类和新领域，则可以对产品进行差异化的价值定位，总结出产品与众不同的卖点，并找到理论支撑，制定出产品选择标准，教会客户如何"选产品"，而不是销售人员一味地"卖产品"。当这个标准根植于客户的心里，那么最终的结果就是：选来选去，非你不可，你的品牌也就成了该品类的NO.1。

在樊登老师的《可复制的领导力》一书中讲过这样一个案例。

早年间有个啤酒品牌叫舒立兹，推销员四处推销，但效果始终不明显。有一次，他乘坐火车时遇到了当时美国最著名的广告人霍普金斯，两人聊天聊到了舒立兹啤酒的营销问题。霍普金斯说："你把卖点告诉我，我给你写广告。"推销员说："我的啤酒没什么卖点，和其他啤酒一样。"霍普金斯回答："做营销一定要找卖点，你把啤酒的整个生产工艺从头到尾跟我讲一遍。"霍普金斯听完推销员讲述的生产工艺后，说："就以这个为卖点：啤酒在灌装之前，会先用高温纯氧吹瓶，口感会更好更清冽。"这位推销员说："这不能叫卖点，这是啤酒的标准生产工艺，其他啤酒也一样，业内人士都知道。"但是霍普金斯坚持使用这个卖点，并买下某报纸的一个版面，上面刊登了一幅吹瓶口的图片和"每一瓶舒立兹啤酒在灌装时，瓶口都经过高温纯氧吹制，这样才能保证口感的清冽"的广告语。通过这样的引导，舒立兹啤酒开始大卖，消费者愿意去试试舒立兹啤酒的口感，并相信它确实不一样。

舒立兹啤酒的案例告诉我们：产品的一些特点，也许生产制造它的人知道，但是消费者不一定知道。很多时候，我们容易陷入自己的固有思维里，以为自己知道的，消费者也知道，所以找不到产品的卖点。因此，我们要学会跳出固有思维，才能创造不同。

跳出固有思维去看待品牌设计的问题，思维会更开阔。还可以从目标群体定位和品牌个性上去创造不同。比如，年轻人的白酒——江小白，就是老歌新唱的非常成功的经典案例。也可以从产品包装或产品外形上去创造不同，比如，crocs的鞋子在很多人看来有些"丑"，宽宽的、笨笨的，但正因为它的不同，反而引发了消费者的购买欲望。

华与华策划公司曾经为晨光文具做过一个产品开发创意，叫孔庙祈福考试笔。一支笔，再普通不过，好像很难找到什么特色，但是华与华给它写上"考试专用"，于是这个笔的销量就提升了30%。这个创意一出来，很多公司都跟风推出了考试笔，怎么办呢？华与华又有了一个创意，到山东曲阜的孔庙，和孔庙合作举行晨光文具孔庙祈福大典。取得孔庙的同意和授权后，还生产了孔庙祈福考试笔，并给孔庙祈福注册了商标。在这个孔庙祈福的产品包装上印有"考试必备"的字样，还印有祈福的红丝带和一幅漫画，漫画上画着一个同学跪拜在孔子的面前，孔子手里拿着一张试卷，上面写着"满分"。这种带着美好寓意的笔是不是更能吸引同学们的眼球，更能刺激他们的购买欲望呢？

只要你用心去思考，总能创造出不同，在一个细分的应用场景里做文章，也是创造不同的一种方法。

接下来说说品牌设计的内容。品牌设计的内容就是前面讲的品牌内涵的五要素：品牌名称、品类定位、广告语、品牌故事和品牌个性。对于这五要素的详细解释，前面已经讲过，这里就不赘述了。我为读者朋友们提供一张表格工具（表3-1），往里填内容即可。

表3-1 品牌设计的五个一

一个品类概念	
一个精准定位	
一个好名字	
一条广告语	
一个好故事/精神感受	

2. 精准传播

为了使品牌传播更高效，让品牌内涵成功植入消费者心里，我们在做品牌传播活动时要尽可能的精准。怎么做到精准传播？三个关键词：确定目标、集中投入、客户传颂。

确定目标：确定目标的重点是明确消费群体和产品应用场景，也就是产品主要卖给谁，他们在什么情况下使用。

只有目标明确的传播活动才能俘获目标消费者的心。这就好比谈恋爱，一个男生对女朋友和对身边其他女生一样好，说一样的话、做一样的事，甚至想做"万人迷"，和很多女生都保持暧昧关系，这样的男生是不可信的，这样的感情也是必然破灭的。做品牌传播同样如此，你把产品宣传得男女老少通吃，任何场合通用，这种产品消费者敢用吗？这种品牌消费者敢信吗？

针对产品的核心价值，选择最能为他们创造需求价值的目标消费群体，在这个群体经常出入的场所，用这个群体乐于接受的沟通方式进行品牌传播，这就是明确消费群体的精准传播。

明确产品应用场景如何理解呢？即明确产品的核心价值是什么，主要在哪些场景里使用，让消费者一进入这些场景就能想起你的产品。

这样的例子有很多，比如，收礼只收脑白金，脑白金定位的应用场景是过年过节给长辈送礼；怕上火喝王老吉，王老吉定位的应用场景是怕上火的时候喝凉茶防上火；脉动回来，脉动饮料定位的应用场景是身体不在状态，需要补充能量的时候饮用；江小白的拾人饮白酒，定位的应用场景是部门搞团建的时候聚餐饮用，而且还分为召唤拾人饮、必胜拾人饮。

集中投入：精准传播的第二个关键词是集中投入，即**在传播的渠道和时间上尽量做到集中，不要分散**。

做品牌传播的目的是让目标消费者看到你、注意你、记住你、选择你，如果不能聚焦，消费者是不会对你的品牌产生深刻印象和感觉的。要做就做透，要么就不做，切忌贪大求全，这是我的原则。基于这一点，我每次在选广告版面的时候,都会选择最显眼的大版面,如果预算有限,我宁愿缩短广告的时间战线,挑选合适的时间段集中投放;如果预算充足,当然投放广告的时间越长越好。

十年前,我曾经遇到过这样一家企业,他们的领导见我们公司投放广告的效果不错,于是也安排他们的品牌宣传部在一些专业报纸上投放广告。半年过去了,当我和他们的品牌宣传负责人再见面的时候,对方说:"广告效果不好,可能是我们的目标客户不爱看报纸吧。"

我说:"怎么会?你把投放了你们广告的报纸拿来给我看看。"

我拿到报纸后,找了半天也没找到他们投放的广告,便问他:"你们的广告在哪儿呢?"

他指给我看,原来在报纸的中间折页位置,是一个大概6cm×4cm的小框,里面只有一小段文字。

我说:"我知道为什么你们的广告效果不好了,连熟悉你们产品的人都难以看到,客户又怎么能注意到呢?即使他们注意到了,也只会认为你们是一家没有实力的小公司,又怎么会相信你们的产品?这样的广告做了还不如不做。"

他说:"我们经费有限啊,如果要做一年的广告,就只能选择这样的小版块。"

我笑着说:"为什么要做一年呢?缩短投放时间,集中火力来一波轰炸式的宣传,也比这样小而散的广告方式好得多。"

请想一想,你在做品牌宣传工作的时候有没有遇到过类似问题呢?在做这项工作之前应当先思考:我是为了完成领导交代的广告任务,把广告时间填满、把广告费花完,还是为了实现品牌传播的目标?我了解公司的业务吗?我对品牌传播的目标清楚吗?

史蒂芬·柯维先生在《高效能人士的七个习惯》一书中分享的第二个习惯是"以终为始",就是说做事情前应当先确定目标,再选择方法,目标不同,方法也不同。"以终为始"这个原则很多人都知道,但就是做不到,主要原因就在于他们对"终"做了错误的判断。对于这本书,我在喜马拉雅平台做了专栏解读,专栏名称叫《七个习惯的学习心得分享》,感兴趣的读者可以免费订阅收听。

客户传颂:精准传播的第三个关键词是客户传颂,就是要**努力做到让客户说你的产品好,并自发地为你做宣传,这是成本最低、效果最好的传播**。通俗地讲,就是客户说一句好,胜过你自己说一百句好。

华杉老师有一句话非常打动我,他说:"广告语不是我说一句话给客户听,而是我设计一句话,让客户去说给别人听。"看到这句话,你千万别误解了,以为让客户开口为你宣传,就是要给客户奖励、买通客户为你做广告,不是这样的。客户对品牌的美誉度不是企业宣传出来的,而是用产品效果和销售人员的服务换来的。产品和服务真的好,客户才会心甘情愿为你传播。

另外,要想让客户传颂你的品牌,在品牌传播的过程中一定不能为了卖产品而夸大宣传。如果实际效果不如你宣传的好,那最终导致的结果就是,客户期望越高失望越大。我们经营的不仅是产品,更是自己的人品。

3. 坚持重复

打造品牌,请相信时间的力量。

品牌的核心内涵确定下来之后,不仅要做到精准传播,还要做到坚持重复地传播,因为传播的目的就是让消费者看到你、注意你、记住你、选择你。而品牌建立的核心目标是让企业输出的品牌内涵变成消费者心里对品牌的认知,使这两者画上等号,最终成为可以长久为企业带来效益的品牌资产。

如果你今天传播的是这个内容,明天又换成其他内容,或者一段时间后就不传播了,那么消费者就很难记住你到底是谁,之前花费的努力、投入的财力,好不容易在消费者心里形成的品牌认知,就会慢慢淡化、消失,这是企业品牌资产的流失。

坚持重复是不是意味着内容一成不变呢?也不尽然。随着时间的推移,内容可能会出现调整。比如,随着品牌影响力的提升,品牌身份定位会发生变化,以前是品类中的唯一，现在有了跟随者，成为该品类的第一。再比如，在品牌建设初期，你不知道哪些品牌传播内容是真正有效的、能让消费者产生购买行为的品牌资产，你可能会做很多尝试，经过尝试和市场检验后，才能确定那些真正值得投入的品牌资产，以及投入的优先级。这个尝试的过程很漫长，但是你必须有"坚持重复"的意识，好的就要坚持，不能总是换。

中国最有影响力的品牌当属春晚了。春晚从1983年开始举办，至今已将近40年，每年除夕，全家围坐在电视前准时收看春晚，已经成了一种文化现象，成了中国人过年的习俗。春晚有一些标志性的符号是一直坚持的，比如，春晚时间是每年除夕晚上8点；新年的钟声敲响之前十秒倒计时；晚会结束歌曲是《难忘今宵》；节目形式主要是歌舞、小品等。但春晚也在与时俱进，与微信、抖音合作，全民参与抢红包，观众扫描二维码对节目进行评论和投票等，增加了互动性和观众的参与感。可以说，春晚已经成为中国人的集体记忆、集体期待，这是最了不起的品牌建设。

三项原则

打造优势品牌的三项原则是：接地气、易传播、落实处。

这三项原则依然是基于品牌传播的目的和品牌建立的核心目标：让消费者看到你、注意你、记住你、选择你，让企业输出的品牌内涵变成消费者心里对品牌的认知，使这两者画上等号，最终成为可以长久为企业带来效益的品牌资产。这个目标我一再重复，希望能刻在你的心里，在做品牌工作时，时刻想起，不要忘记。

1. 接地气

我曾看到这样一句话："好内容，加上说人话，等于爆款文案。"我觉得这句话很经典，通俗易懂，道出了品牌传播的真谛。在设计品牌内容时，说别人能听得懂的话、符合主流价值观的话、积极向上的话，不要带有任何的歧视倾向和嘲笑他人的嫌疑，这是作为一个好品牌最基本的原则。

很多年前，利群有一段非常优美的广告语："人生就像一场旅行，不必在乎目的地，在乎的是沿途的风景和看风景的心情。利群，让心灵去旅行。"这段广告语写得真好，配的风景画面也好，可我就是看不明白是在卖什么东西。当然，利群的广告之所以这么做，是因为《中华人民共和国广告法》（以下简称《广告法》）有明确的限制性规定，禁止在公众场所发布带有香烟名称、标识、包装等内容的广告。但是，在其他不受此限制的领域，有没有品牌商为了追求高雅，也做这种让消费者摸不着头脑的广告呢？

2. 易传播

建设优势品牌，如果只有企业单方面在宣传，是远远不够的，一定要让它流行起来。乔纳·伯杰的《疯传》一书中，总结了使传播具有感染力的六大原则，包括社交货币、诱因、情绪、公共性、实用价值和故事，运用这六大原则可以帮助企业的产品、思想和行为流行起来，通过口头传播达到一传十、十传百的效果。

调动他人的好奇心、引起他人注意、唤醒他人的情绪等，给他人一个传播的理由、一个议论的话题、一个分享的谈资，都是可以促使品牌流行的好方法。

我是樊登读书会的忠实粉丝，不仅购买了它的年卡、成为它的会员，还推荐身边很多朋友加入樊登读书会，在这本书里我也多次提到它。可是，樊登读书会并没有给我推广的报酬，我之所以乐于免费为它传播，是因为我从中获取了很多有用的知识，我也想分享给别人，帮助别人一起成长。我所在省份的樊登读书会会长看到我影响的人数这么多，还赠送给我一个印有"樊登读书会"字样和标志的小布书包，我开心得不得了，每次去书店都背着它，感觉很自豪。

再来看一个案例。我们公司的同事中午在办公室吃饭大都是叫外卖，有一次，财务部的一个小姑娘提着一个非常精致的纸质手提袋进来，我们好奇地问："这是什么？"她说："是蛋炒饭。"我顿时被这个包装惊艳到了。我们叫的外卖一般都是用那种普通的、透明的塑料盒盛着，这样精致的包装还从未见过。这位同事还开心地说："我就是冲着这个盒子才买他们家的盒饭，这个盒子我还准备用来装别的东西。"看，她不仅消费了这个产品，还提着印有这个品牌的包装盒在她所到之处进行展示，成了一个移动的广告。

这两个案例有没有给你启发呢？快快开动脑筋，开始你的创意吧！

3. 落实处

建设品牌的方法举措要切合实际，要能落地，只有落到实处，才能产生效果。

品牌负责人要充分了解自己的企业以及企业的业务，要结合企业自身情况制定出最切合实际的品牌建设方案，不能好高骛远，不能照搬照抄其他企业的经验。如果你所在的企业资金实力欠缺，也要照着可口可乐的广告攻势去"烧钱"做广告吗？当然不是。难道不"烧钱"做广告，就没法做出优势品牌了吗？当然也不是。

我经常听到有人这样说："要是我们公司能在中央电视台的黄金时段做广告就好了，你看那谁谁谁，多牛气，这才是大企业、大品牌的样子。"我通常会回复他说："与其把眼睛盯着别人，不如好好想想自己企业的品牌该怎么做。你现在所看到的大企业、大品牌，它们也经历过起步阶段，那时候它们和你的企业一样，也没钱铺天盖地做广告。帮助企业和品牌从小做大，是你的职责和你在这家企业存在的价值。"更何况，做电视广告就是建设品牌的唯一方法吗？显然不是。尤其是在互联网时代，可选择的方法有很多，一篇高质量的爆款文案，就可以带来超过10万的转发次数，而且几乎是零成本。

我经常会说一句话："我认为，**最牛的事情不是加入世界500强企业，而是通过我和同伴的努力，帮助自己的企业成长为世界500强！因为别人的光环成不了你的荣耀，自己拼出来的才值得骄傲。**"这是我的职业态度，同样也可以成为我们打造品牌的一种心态。

我在本书中介绍了一些优秀企业的案例，讲这些案例的目的，不是让读者简单复制,而是想借助这些案例,帮助读者理解和掌握品牌建设背后的逻辑,然后活学活用,一步一步踏实地前进。

一条底线

最后谈一谈品牌建设的底线。**要做出一个好品牌,就必须做到真诚、真实。**心术不正的人做不出好品牌,这是最低的要求,也是一条底线。

这条底线,首先基于品牌建设的本质。品牌的主要功能是什么?消费者为什么要选择具有品牌的商品?企业进行品牌建设的本质,就是降低消费者的选择成本,帮助他们做出正确选择,并承担起品牌责任。一句话:你选我,出了问题我负责。这应当是作为一个经营者、一个营销人的使命和对自我的要求。

其次,这条底线基于人性,人人都向往真善美的东西。有些人把"真诚、真实"当成高尚的表现,其实这只是做人的本分而已。还有些人可能会说:"做到真诚、真实,这有什么难的?"但仔细观察,真正能坚持做到的,其实没有多少人。最朴实的道理,往往也是最容易被忽视的。发心至善,过程至真,结果至美。如果每一个品牌都带着这样的初心去做,那么,我们的生活将无比美好。

最后,这条底线基于法律的要求。《中华人民共和国广告法》第三条规定:"广告应当真实、合法,以健康的表现形式表达广告内容,符合社会主义精神文明建设和弘扬中华民族优秀传统文化的要求。"第四条规定:"广告不得含有虚假或者引人误解的内容,不得欺骗、误导消费者。广告主应当对广告内容的真实性负责。"第五十五条规定:"违反本法规定,发布虚假广告的,由市场监督管理部门责令停止发布广告,责令广告主在相应范围内消除影响,处广告费用三倍以上五倍以下的罚款,广告费用无法计算或者明显偏低的,处二十万元以上一百万元以下的罚款;两年内有三次以上违法行为或者有其他严重情节的,处广告费用五倍以上十倍以下的罚款,广告费用无法计算或者明显偏低的,处一百万元以上二百万元以下的罚款,可以吊销营业执照,并由广告审查机关撤销广告审查批准文件、一年内不受理其广告审查申请。"

2018年,某二手车公司的一句广告语"创办一年,成交量就已遥遥领先"频繁出现在各大媒体平台上,迅速打响了自己的知名度。同年11月,北京市工商行政管理局海淀分局就该广告词缺乏事实依据,与实际情况不符,违反了《中华人民共和国广告法》的相关规定,向该公司开出了1250万元的罚单。

由此可见,真诚、真实不仅仅是道德底线,也是法律底线,不容触犯。

具备品牌优势可以为企业带来诸多好处,比如,消费者认知度高,可以降低企业的营销成本;可以摆脱低价的红海竞争;可以吸引优质的分销渠道商加盟;也更容易在新的事业领域获得消费者的信任。

第四章

营销力之道：
高效销售提升团队销售力

所谓销售力，是指让产品通过销售流程的各个环节，顺利到达客户手中并产生预期价值的能力。通过激活销售团队的动力、对销售流程进行改进，来掌控销售渠道、抓住关键指标、采取关键行动，实现销售业绩的根本性增长。

提升销售效率的两大黄金法则

终于来到营销管理者们最熟悉的领域了。销售,是指以出售、租赁或其他任何方式向第三方提供产品或服务的行为,包括为促进该行为进行的相关辅助活动。执行这一行为的人通常被叫作销售员或业务员,看到这个名字,是不是很亲切呢?由于销售员是直接面对客户开展工作,所以对于树立企业形象、实现企业业绩尤为重要,而提升销售力自然而然就成了营销管理工作的重中之重。大部分的营销管理者,最主要的工作就是管理销售团队、制订销售计划、实现销售目标。

在本书中,我给销售力的定义是:让产品通过销售流程的各个环节,顺利到达客户手中并产生预期价值的能力。通过激活销售团队的动力、对销售流程的改进,来掌控销售渠道、抓住关键指标、采取关键行动,实现销售业绩的根本性增长。由定义可以看出,销售力要解决的是产品从企业到客户之间的流通环节的问题,让产品价值在这个流通过程中得到顺利传递与展现,而这个环节中的关键人物就是销售员,让销售员想做、喜欢做,而且会做、能做好,是提升销售力的前提。

你有没有遇到过以下问题?销售人员流动性大,频繁换人不仅造成业务断档,还造成了客户流失,给公司带来了很大的损失;销售人员之间抢夺客户,低价竞争,市场秩序混乱,内耗不断;明明是统一的销售政策和方案,但不同的销售人员执行出来的结果却千差万别;销售人员每天都很忙碌,态度也很好,但就是不出成绩,做了很多无用功;老销售人员排挤新人,或是倚老卖老,不听从指挥……

这些问题,做过营销管理的人都不陌生。有人说:"销售团队是最不好带的,他们个性鲜明、不受拘束、头脑精明、圆滑世故,而且'将在外,君命有所不受',对他们的工作监督和过程管理很难把握。"但是我却认为,销售团队恰恰是最好带的,因为他们的考核目标清晰明确、评价标准简单可量化,销售人员主要就是凭业绩说话。如果管理方法得当，带销售团队也是最能出成果、最能展现个人价值的工作。纵观各行各业，大部分干到高管层的都是营销管理出身。当然，针对这样一个充满个性的群体，作为营销管理者，倘若你的目标是要控制他们、让他们听话，那你一定会很累，也不可能做好，因为方向错了。

我的销售团队中的成员，曾经都是在其他企业做讲师、做大区经理、做总经理的优秀人物，有的还是国家干部，退休之后加入我们，大家因为同一个事业梦想聚到了一起。他们年龄跨度很大，最小的二十多岁，最大的六十多岁。这样一群牛人团队，已经与我并肩作战了十余年，他们有各自的主见，却能互相学习，共同进步。还有我们的经销商团队，他们对这份事业十分热爱，其中已经与公司合作超过十年的伙伴达到总数的近50%。

我对自己的价值定位不是权力操控，而是帮助团队伙伴实现他们心中的目标与梦想。如果你的心是真诚的、利他的，对方一定能感受到。唯有"爱"是解决一切问题的法宝。

想要带好销售团队，首先营销管理者的思想要转变。作为营销管理者，不能事无巨细地亲力亲为，尤其是那些从市场一线升为主管的销售明星，一定要从"独自完成任务"转变到"带领团队完成任务"的思维上来。在带销售团队时，营销管理者的主要工作内容有以下几个方面。

（1）激发团队成员的内在动力，让人人都有价值感。

（2）传递你的管理思想和营销制度，使团队成员达成共识。

（3）分享和推广成功有效的销售方法与经验，改进业务流程，把握关键点。

（4）使团队成员之间形成优势互补，成就一支优秀的团队，而非英雄的个人。

（5）营造氛围、提升士气，调动团队的力量完成目标。

（6）培养独立思考、有责任感、有能力、有担当的人才。

因此，我把对销售团队的领导和对销售业绩的管理，总结为提升销售效率的两大黄金法则，如下图所示。

思想引领属于领导范畴,解决的是员工想不想干、喜不喜欢干的问题。我罗列了几项思想引领方面的内容,包括工作意义、职业信念、企业文化、发展规划、营销理念、思维方式等。

而流程改进属于管理范畴,解决的是员工会不会干、能不能干好的问题。这个部分主要包括定流程、抓关键、做成交、做惊喜、做价值、做服务。

那么,这两部分如何去做呢?接下来将详细阐述。

思想引领——激活团队动力

> 教育的本质是，一棵树摇动另一棵树，一朵云推动另一朵云，一个灵魂唤醒另一个灵魂。
>
> ——《什么是教育》卡尔·雅斯贝尔斯

这段关于教育本质的描述，也恰恰是思想引领的真谛。我们没法控制他人，但我们可以引导他人；我们没法改变他人，但我们可以影响他人。这是作为一个领导者和管理者必须具备的重要认知。

有一次我开车在路上，看到红绿灯的旁边有一块电子屏幕，上面有两句滚动的字幕，内容是："红绿灯下看素质，斑马线前显文明。"我当时会心一笑，赞叹国家对于民众的思想教育工作之细致。大家可以体会一下，假如红绿灯旁的电子屏幕上写的是："闯红灯者记6分，罚款200元。"这种引导方向与前者相比，哪一种更让人乐于接受呢？

国家尚且如此，在企业中管理团队同样如此。彼得·德鲁克先生说："管理，就是要最大限度地激发他人的善意。"销售团队和企业的其他职能部门不同，他们每天都在面对不同的人、不同的事，而且，他们不是在营销管理者的眼皮子底下做事，如果事事都需要别人来监督管理，那是不可能提升工作效率的，还会限制团队的创造力与活力。

也许有人会反驳："现在科技很发达，使用某某定位软件，可以实时监测到销售人员的具体位置。"这一点我承认，可是监测到了具体位置又如何呢？他们在那里干什么、怎么干的，你能知道吗？他们是为了完成考核指标，还是为了达成企业目标？上有政策，下有对策；道高一尺，魔高一丈。这种"警察抓小偷"的游戏，不仅会大幅度地增加企业的管理成本，而且也无益于提升销售力。

共视共识,才能共事共和

只有在激活团队成员内在动力、在思想上达成共识的前提下,再进行业绩流程的关键点控制,才能真正起到提升销售力的目的。

当团队思想统一的时候,哪怕是一百个人使用一百种方式,最后也会达到异曲同工的效果。

当团队思想不统一的时候,即使一百个人使用同一种方法,也有可能得到一百种结果。

这,就是思想的力量!

什么是共视?这里的"视"是视角的"视",就是指共同的视角和视野。通俗地讲,就是指看待事物有相同或相似的角度。共视,是达成共识的前提与基础。

为什么领导与基层员工在面对同一件事情时的看法和处理方式会不同?因为领导所站的高度、所掌握的信息面,以及处理事情的出发点和目标,与基层员工是不一样的。为什么国家与国家之间,对待同一项政策的态度会截然相反?因为立场不同、目标不同、所代表的利益不同。

我喜欢看书,也喜欢分享。每当我听了一门好的课程,看了一本好书,或者遇到了一个好的学习平台,我都会毫无保留地第一时间分享给团队里的伙伴,同时,我也会引导团队伙伴自己来做分享。在这个过程中,我们彼此交换了思想,加深了了解,也联络了感情。我和我的团队伙伴之间没有推杯换盏的江湖义气,却有"君子之交淡如水"的默契。

所以,思想引领的目的就是去建立"共视",进而达成"共识"。有了共同的视角和视野,在很多问题上就比较容易达成共识,即对待同一件事有相似或相同的认识和判断。如此一来,就能在行动上形成一致,达到"共事"和"共和"了。

那么,针对销售团队,可以在哪些方面进行思想引领,建立"共视",达成"共识"呢？在这里，我列出了几点，供大家参考。

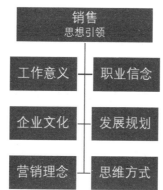

1. 工作意义

工作意义是指这项工作对于个人、他人、社会甚至人类的作用与价值，包括个人的报酬、成就感、社会地位，以及帮助他人获得成功，为社会的发展进步做出贡献等。

人类作为群居性动物，不能只考虑"利己"，还应当考虑如何"利他"，在利他的基础上实现利己，是最明智的做法。如果一名销售人员只看重报酬、社会地位等个人利益，而忽视了工作背后更深层的意义，那么，就很容易出现受利益驱动而频繁跳槽的现象，也会出现受利益诱惑而抢夺客户、侵犯同伴利益的情况，遇到困难的时候也比较容易退缩和放弃……这些销售管理中常见的问题，大多源于此。

在每一届的毕业生中，都会有一些学生在犹豫：毕业后是考公务员，还是去企业工作，或者考研？这是一个普遍的现象。有一次我在一所高校的招聘会上宣讲完后，有同学问我："我家人希望我考公务员，我应不应该选择这条路？"

我回答："我没有权力代替你做决定，我只能给你提供一个判断的标准。你选择这条职业道路的目的是什么？你想从事这份职业的意义是什么？如果你是为了'为官一任，造福一方''为人民服务''为老百姓做实事'这样的目的和意义而去的，那么很好，你应该去努力。但如果你是为了'抱铁饭碗''工作清闲稳定'而去的，那么建议你慎重决定。"

他笑着回答我："我没有那么高的境界。"

听到他这个回答时，我心里有些沉重。每个岗位、每份职业都有它的本分，原本只是承担自己分内的责任，为何如今却成了"高境界"？

我问那位学生："当你看到某些政府官员贪腐、懒政、不办实事时，你会怎么想？会愤怒吗？会支持这样的人吗？当你成为一名纳税人后，会心甘情愿纳税养这样的政府工作人员吗？"

他回答："当然不愿意。"

于是我说："如果你是抱着后面的目的去从事公务员的工作，那么有一天你很可能会成为那样一个被人不齿的人，一个你自己现在所讨厌的人。"

我们对职业意义的理解和对工作目的的选择，将决定我们的职业价值，以及未来可能达到的事业高度。在正确的方向上努力才能创造我们想要的结果，活出幸福的模样，活成有价值的人！那么，作为一名营销人，我们的工作意义又是什么呢？我认为，营销人应当是新商业文明的创造者与践行者，也是美好生活的缔造者。因为，绝大部分商品都是经由营销人之手到达消费者手中的。

我们人生中的黄金时间都是与工作在一起，我们是否热爱自己的工作，是否能在工作中磨炼自己的心志、提升自己的能力、发挥自己的价值，既决定了我们的工作品质，也决定了我们的人生品质。因此，一定要去发现自己的工作意义，也要帮助团队成员去明确这份意义，才能激活自己、激活团队。

2. 职业信念

职业信念是指你在职业生涯中内心所坚信的东西，它是一种意向动机，相信自己所从事的工作、所做的事、所追求的目的是正确的，因而在任何情况下都毫不动摇地为之奋斗、执着追求。

我常常会思考一个问题：我的职业信念是什么？营销人的职业信念应当是什么？

我想，信念就是一种只要你坚持去相信，就能让你最终得到的东西，它是来自灵魂深处的力量，是鼓舞我们永不放弃、坚定前行的勇气。

营销人的职业信念，就是永远坚信暴利与投机取巧只不过是短暂的繁华，唯有诚信、付出、为用户创造价值，才是基业长青、受人尊敬的根本。

营销人的职业信念，就是永远坚持走在正道上，不受欲望的控制，不做金钱的奴隶，相信播散什么样的种子就会结出什么样的果实。

面对利益的损失和持续混沌的形势，有人彷徨，有人抱怨，有人离开，同时，也有人变得更加精彩。是"信念"和"行动"让同样的经历拥有了不一样的结局。即使环境在变，同伴在变，我们心中的信念永远不变！

假如每个人心中都有两头狮子，一头是懦弱的、恐惧的、懒惰的，另一头是坚强的、勇敢的、勤奋的，如果它们发生战斗，那么请试想一下，哪一头狮子会赢得胜利？

答案是：我们每天喂养哪头狮子，哪头狮子就会胜利。这就是信念的力量！

职业信念就是你把你对所从事工作的意义的理解，内化成坚持下去、一往无前的力量。你的职业信念是什么呢？好好总结，然后与团队伙伴共同交流、分享吧！

3. 企业文化

企业文化又称组织文化，是一个组织由其价值观、信念、仪式、符号、处事方式等组成的特有的文化形象，包括企业愿景、企业使命、价值观念、企业精神、道德规范、行为准则、企业制度等。

每个企业、每个团队都有属于自己的文化，有的形成了书面的文字，有的体现在每位员工的言行里。在企业创业初期，企业文化约等于创始人的性格、价值观。随着企业的发展，企业文化慢慢演变成这个组织的集体性格与行为约定，它影响着企业里每一个人的处事态度和言行举止。

小时候，父母是我们的老师；上学后，学校的教育者是我们的老师；工作后，企业的领导者是我们的老师。领导者所提倡的企业文化，就是员工的行为准则；企业的使命愿景，就是员工要努力的方向和目标。如果你的企业还没有将组织文化总结整理成文字,那么建议企业领导者带着核心成员好好整理一下,想一想:你(企业)是谁?为什么而存在?为谁而存在?你要去哪里?怎么去?

范例1 华为的企业愿景、使命、价值观

愿景:丰富人们的沟通与生活

使命:聚焦客户关注的挑战和压力,提供有竞争力的通信解决方案和服务,持续为客户创造最大价值

价值观:艰苦奋斗、自我批判、开放进取、至诚守信、团队合作、成就客户

范例2 阿里巴巴的愿景、使命、价值观

愿景:持续发展102年

使命:让天下没有难做的生意

价值观:客户第一,员工第二,股东第三;因为信任,所以简单

每一位营销管理者都应当是企业文化、价值观的"落地者"。所谓"落地",就是要让这些文化理念在团队成员心里得到认同,并在行动上体现出来。管理者可以借助企业文化的感召力来引领团队的思想、规范员工的行为,也可以通过讲述能体现企业文化精神的一个个真实故事来树立榜样,强化员工对企业文化的认同,从而激发员工的使命感、加强员工的归属感和责任感、赋予员工荣誉感、实现员工成就感。

4.发展规划

这里所说的发展规划,是指企业的战略目标、战略规划、中长期的营销发展计划,以及销售团队里的每一个人在这个大的发展规划里可能拥有的发展机会和发展空间。

当员工的个人职业发展规划和企业的发展目标、规划高度一致,员工能在企业的发展前景中看到自己的未来时,就能极大地激发员工为自己而工作的动力,创造出非凡业绩。因此,针对销售团队的管理,营销管理者要经常在公开

场合清晰而坚定地描述企业未来的发展蓝图，并定期与每位销售人员面对面地谈心，了解他们的真实想法，帮助他们在企业的发展中找到属于自己的、合适的职业目标和职业定位。

5. 营销理念

营销理念是指企业营销管理实践中所依据的指导思想和行为准则，是企业经营哲学和思维方式的体现。

由于销售工作的特性，销售团队具有极大的灵活性和自由度，不可能所有工作都依照制度来执行。但他们又是直接面对客户开展工作的人，对于实现企业效益、树立企业形象至关重要。那么，当他们在与客户的交往中遇到选择题，需要自己做出抉择时，就需要有一种思想来作为指导，帮助他们做出恰当的选择。

我们公司的营销宗旨是"以客户为中心"，为了让销售团队更好地理解这个宗旨，我对它做了进一步解释，并组织团队学习。

如何做到"以客户为中心"？体现为以下三点。

以客户价值为中心：通过产品和服务帮助客户创造更高的经济效益；创造让客户满意甚至尖叫的购买体验和使用体验，让客户感受到平等、尊重、关心和快乐。

以客户成长为中心：帮助客户树立科学的养殖观念，掌握正确的养殖技术，提升客户自身的生产水平，让客户获得更强的竞争力。

以客户成就为中心：引领客户走在行业发展的前沿和正确的道路上，帮助客户实现持久经营和健康发展，不仅获得事业的成功，同时还能赢得社会的尊重和家庭的幸福。

6. 思维方式

思维方式是指看待事物的角度、方式和方法，它对一个人的行为起着决定性的作用。

心理学上有一个著名的"情绪 ABC 理论"，是由美国心理学家埃利斯创建的,该理论是说,事件 A 引发了情绪和行为后果 C,表面上看,是因为 A 导致了 C,但是,研究者发现,同一个事件 A,在不同的人身上所产生的后果是不一样的,即 C1、C2、C3……是什么造成了这个不同呢?埃利斯提出:从 A 到 C 之间有一座桥梁 B,也就是经受事件 A 的个体对这件事情的认知、解释和评价,错误的认知评价会导致消极的结果,正确的认知评价会产生积极的结果。

我把这个"B"理解为思维方式。

当工作中出现问题时,有的人消极抱怨,最终一事无成;而有的人则把它当作历练自己、实现自身价值的机会,积极面对,获得了成长和提升。

当遇到客户投诉时,有的人把它当作一件坏事,逃避责任或者推卸责任,结果丢失了客户;而有的人把它当成与客户建立信任的机会,态度诚恳、承担责任、及时补过,不仅没有丢失客户,反而因此与客户建立了更深厚的感情,甚至获得了客户转介绍的机会。

当产品价格高、销量少的时候,有人会说"客户嫌贵,卖不出去",而有的人会说"如果我能想办法让客户认识到产品能够为他们带来的高价值,他们就会购买了",思考的方向不同,着力点不同,最终结果也不同。

这便是思维方式带来的决定性影响。管理销售团队,与其去规范和约束销售人员的行为,不如去构建他们正确的思维方式。思维方式对了,行为自然就对了,结果也一定会是好的。

稻盛和夫先生在《干法》一书中总结了一个公式:人生·工作的结果 = 思维方式 × 热情 × 能力。能力因人而异,如果用分数来表示,可以是从 0 分到 100 分;热情也可以理解为努力的程度,如果用分数来表示,也是从 0 分到 100 分;但是思维方式分为正面积极的思维方式和负面消极的思维方式,用分数来表示的话,则是从 -100 分到 100 分。如果一个人的能力是 90 分,热情是 100 分,思维方式是 -10 分,那么他的人生结果是 -90000 分。而如果一个人的能力是 40 分,热情是 80 分,思维方式是 40 分,那么他的人生结果则是 128000 分。

这就是人们常说的,一个人如果思想不正,那么他的能力越大,破坏力就越大。难怪蒙牛的创始人牛根生先生说:"有德有才,破格重用;有德无才,培养使用;有才无德,限制录用;无德无才,坚决不用。"可见思维方式的重要性。

如何正确看待财富、成绩、劳动等,都是销售人员需要建立的思维方式。

关于劳动观,在稻盛和夫先生的《干法》一书中已经解释得非常精准而深刻,强烈推荐读者阅读,甚至当作团队学习的教材,有组织地展开学习。

关于财富观,坚持一点:君子爱财,取之以道。通过帮助客户解决问题、为企业创造价值,来实现自己的财富目标,这个顺序不能颠倒。

关于成绩,我认为要坚持两点:一是要保持谦逊和感恩,要知道我们所取得的每一点成绩与进步都不是自己一个人的功劳,而是团队共同协作的结果;二是要少谈苦劳,多考虑自己应该为企业做出什么样的价值贡献,以贡献感为指引,让自己成为一名"增长官"。

我曾经写过一篇文章,题目是《不谈苦劳,谈功劳》,在这里与读者分享。

不谈苦劳,谈功劳

"我做了那么多年,没有功劳也有苦劳啊。"这句话我想大部分人都听到过。这句话的言下之意是:"虽然我的工作没有什么成绩,但是也是付出了努力的。"

后半句没什么意义,因为不管是谁,做什么工作,都付出了努力,做得好的人付出的更多。你看着别人风光无限、轻松惬意的样子,实际上任何取得成绩的人在背后都花费了别人不曾知晓的努力和心血。关键在于前半句,没有成绩。

我个人认为,有些人之所以会谈"苦劳"二字,主要源于两点。

一是不热爱。 因为不热爱,所以无法享受工作带来的乐趣,每天被逼无奈,如机器一般运转,没有创造力,没有成就感,因此觉得很"苦"。如果是自己热爱的事情,即使最终没有得到想要的结果,这个过程应该也是开心的,又何来"苦劳"呢?

二是没成绩。 因为没有成绩,所以感觉徒劳,有失落感、疲惫感,心里觉得"苦累";因为没有成绩,所以想把焦点放在"苦劳"上,好歹博个同情,讨个安慰。

然而,企业是一个营利性的组织,追求的是发展和效率,做工作重要的就是要"交出成果",没有成果的"劳累"是浪费资源、效率低下的表现。**我们不应该鼓励谈"苦劳",而要鼓励谈"功劳",谈谁的成果多、谁的效率高、谁的价值大,要把精力聚焦在如何提升能力、交出成绩、做出贡献上。**而"苦"是在有"功"之后,当作茶余饭后或把酒言欢时的谈资来聊的,不能当作获得奖励和肯定的资本。

作为管理者,我只能说:"我理解你的苦,但我更愿意看到你开心地工作,同时获得你个人和组织的共同发展。"唯有如此,团队才能强大,企业才能进步。

思想引领的难点

做好团队思想引领工作的难点在哪里?我认为有两个方面:一是思想引领不能让业绩产生立竿见影的效果,容易被团队成员忽视;二是营销管理者自身的思想意识缺乏,成了团队思想的"天花板"。作为团队的领导者和管理者,如果你自己都没有这些东西,就更无法给予他人了。

问问自己:我了解我的工作意义吗?我有职业信念吗?我深刻地理解企业的文化并将其作为自己的行为准则吗?我对企业的发展看好吗?我有能力帮助团队成员规划未来、为他们提供发展空间吗?我应当如何对待客户?我的思维方式是正面的吗?

有些管理者甚至还会有这样的想法:教会了徒弟,饿死了师傅。因此,他不愿也不能做到尽心尽力带领团队成长,更不敢任用比自己厉害的人。而他之所以会这样想,是因为他不具备成长型思维,他不相信自己是可以不断进步的,说到底还是没自信,最终成了团队的天花板,自己的职业发展也受到了限制。

道者,行之纲也,顺之者胜,逆之者衰,不可不察!

意思是,道(即原则和规律)是行动的纲领,是人生的灯塔,为我们指明方向。按照这个原则和规律来行事,则会赢得胜利,反之则会走向衰败。因此,不能不了解、不学习、不遵循这个道。

思想引领,就是要带领团队找到这个"道",并坚持走正道。

流程改进——驱动绩效倍增

在销售团队中,存在着这样两种人。

第一种人,悟性很高,善于解决问题,有很强的创新力,绩效也很好,不需要上级过多操心他们的工作,只要确定了目标,他们就能想方设法完成。这种人是营销管理者最喜欢的,但是,不可能每个销售人员都是这样。

第二种人,他们天资平凡,不能做到无师自通,虽然很勤奋,但是绩效不佳。

根据二八定律,团队中的精英(也就是第一种人)比例只占20%,而80%的人则位于普通人(也就是第二种人)的行列,他们会拉低整个销售团队的业绩水平。

任用高手需要领导能力,让普通人也能做出好绩效则需要管理能力。"领导"和"管理"是带团队的两个工具、两种手段,而对销售流程进行明确和改进,属于管理的范畴,其目的就是要实现"让普通人也能做出好绩效"的目标。

绩效和业绩的区别

业绩这个词大家比较熟悉,从广义上来说,业绩是指完成的事业或建立的功劳。在销售中,业绩是指销售额或销售量。

那么绩效是什么呢?从字面上来理解,它是业绩和效率的综合。准确来说,绩效等于有价值的成果除以为此而付出的行为代价。**以提高行为代价为前提所带来的业绩的提升不是最厉害的,最厉害的是在降低行为代价的同时还能提高业绩。降低行为代价体现在两个方面:一是降低成本;二是降低工作难度,让工作变得更简单。**比如,打造品牌、将销售流程标准化、用科技代替人工等方式,都是降低行为代价的有效方法。而通过频繁地促销来产生业绩,则是不可取的方法,因为从长期来看,这种方式只会提高客户期望值,从而使行为代价与日俱增,最终导致企业出现绩效低下的局面。

这里要特别注意的是:降低成本不等于"省钱",降低工作难度不等于"省事"。为了便于理解,我举两个例子。

某企业为了降低成本,不仅减少学习经费,而且还克扣员工工资。久而久之,员工心生抱怨,能力跟不上公司发展的要求,工作效率低,服务意识差,在面对客诉时处理不当,流失了大量客户,结果使企业绩效一再降低。

某企业销售部门为了简化工作流程,在产品售出后,没有安排专人跟进客户的使用方法和使用效果。一部分客户将产品买回去后,没有仔细阅读使用说明,使用方法出现错误,导致效果不佳,购买一次之后就不再回购了。

从上述两个案例可以看出,以牺牲长期绩效为代价而采取的减少投入、简化工作流程的措施,反而会增加成本、堆积问题,效果适得其反。

那么,应该如何通过流程的改进来驱动绩效倍增呢?我将具体方法总结为四步。

1. 写出销售流程公式

要进行流程改进,首先要写出流程,结合企业自身的业务模式,把产品从企业到客户之间的流通过程,以及过程中涉及的关键因素,整理成切合企业实际的销售流程公式。

比如,我们公司销售的产品是动物的一种食物。我们主要通过经销商渠道进行销售,客户去经销商门店,或者经销商去客户家里拜访,经过沟通后,客户可能会初次购买,如果使用效果不错,可能会重复购买,这是基本的销售流程。针对这个流程,我总结出了我们公司的销售流程公式,如下图所示。

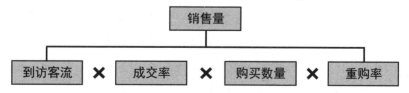

假如到访客流是100人/月,在到访的客流中,成交率是40%,客户平均单次购买数量是10件,在当月内,成交的客户中有20%的客户重复购买了一次,客单数量也是10件,那么当月销售量是多少呢?由以下公式可以得出。

当月销售量=100×40%×10+100×40%×20%×10=400+80=480(件)

如果这个公式中的某一个要素的数值发生变化，则销售量也就随之发生变化。由此，我们不仅能根据每个要素的数值推算出单位时间内的销售量，还可以依据目标销售量来推导出与每个要素相关的销售动作该如何设计。那么，要想了解这些要素的数值为什么会发生变化，它们是怎么发生变化的，就需要进行第二步的工作了。

2. 分析和拆解公式里的要素

把流程公式里的每一个要素进行详细分析，找出对这些要素构成重要影响的主要因素，将这个流程公式进一步细化。

第1步中的流程总公式通过分析和拆解，可以变成如下公式图。

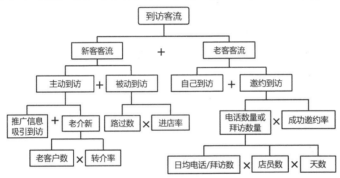

首先是到访客流这个要素。到访客流是指在单位时间内，客户访问、咨询的总人数。客户包含新客户和老客户，新客户一般是通过公司的推广、宣传吸引来店咨询的客户，也有一部分新客户是通过老客户转介绍的，还有一部分新客户是无意中路过门店然后进来的。而老客户到访大多是经销商主动邀约的。分析完之后把这些影响因素用数学公式表示出来。

然后是成交率这个要素。我对成交的定义是：客户付了款，拿走了产品，并在第一次试用中体验到了产品的效果，这才算是一个交易闭环。因为只有这样的成交，才能带来真正的长期客户，让客户不仅购买产品，而且还愿意为我们传美名。客户付了款拿走了产品，不能算交易完成；客户赊欠买产品，没有付款，也不能算交易完成，毕竟我们追求的是绩效，而不单单是销售量。因此，影响成交率的因素可以细化成如下公式图。

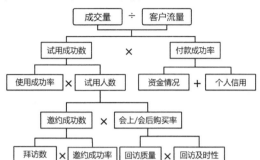

第三个流程要素是购买数量，即客户单次购买产品的数量，客户平均每次购买的数量多，销售量自然就多，反之则少。细化公式图如下。

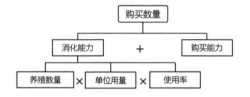

第四个要素是重购率，即在第一次成交后，会发生重复购买行为的客户比例。对于快速消费类产品，这是一个重要的绩效衡量指标。因为如果客户只购买一次就不再合作，那么销售人员永远都处在流失客户和不断开发新客户的状态，会非常累，效率也很低，而且还不能形成品牌效益。重购率会受哪些因素影响，各个企业有所不同，需要根据实际情况去分析。我结合我们企业的情况，拆解了重购率这个要素，变成如下公式图，供读者参考。

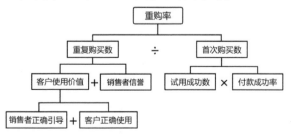

把流程公式的各要素进行如上分析和细化后，是不是对于销售工作的思路清晰多了呢？第1步和第2步是最难的，需要企业的营销负责人去下功夫、做

功课。每个企业的业务模式和组织架构不同,其他企业的流程公式可以借鉴,但无法照搬照抄,最重要的是理解这个公式背后的逻辑。流程公式清晰地呈现出来之后,才能对流程进行改进。

3. 确定流程中的关键点

从销售流程公式的拆解和细化中,可以清楚地看到决定销售量的各个要素,以及它们的数值变化的原因及规律。无须对流程中的所有环节都事无巨细地去管理,只要把握关键控制点,就把握了绩效改进的主动权。可以把有利于提升绩效的关键控制点称为"机会点",把会造成绩效下降的关键控制点称为"漏斗",这样比较形象。

从第1步和第2步已经确定的流程公式图中去找哪些是机会点,哪些是漏斗,如表4-1所示。

表4-1 流程公示图中的机会点和漏斗

机会点	漏斗
主动到访/推广信息吸引到访	信息到达率
老客户介绍新客户	老客户数和转介率
电话数/拜访量	成功邀约率
试用人数	会上/会后购买率
试用成功数	使用成功率
消化能力	单位用量
重复购买数	客户使用价值和销售者信誉

在表4-1中,通过宣传推广,提升品牌知名度,吸引新客户到访,这是一个机会点,把这项工作做好,就能增加到访的客户数量,提升绩效。但是,在推广的过程中,如果信息的到达率很低,尤其是在如今互联网信息量爆炸的时代,企业发布了很多宣传内容,可是目标客户没有接收到,那么,即使推广宣传工作做得再多,也无法高效地提升到访的客户数量,这个"信息到达率"就成了漏斗。

其他关键点也是同理,这里就不一一解释了。

这里要注意一点:关键控制点是动态变化的,即便是同一家企业、同一套产品、同样的销售流程,对于不同的销售人员、不同的区域市场、不同的发展阶段，其关键控制点也可能是不一样的，需要及时关注、动态把握，不能期望一劳永逸。

4. 针对关键控制点列出有效的改进措施

完成了前3步之后，终于可以进入改进环节了。千万不要为了省事就把前3步略过，直接开始进行绩效改进，那样只会无的放矢，造成大量的人力、物力、财力等成本的浪费。

要时刻记住：我们要的不仅仅是业绩，而是绩效，是在降低行为代价的同时还能提高成效。

针对"推广信息吸引到访"这个机会点和"信息到达率"这个漏斗，我带领销售团队列出了一些改进措施：提高宣传文案标题的吸引力，以提高点击率；在转发时配上文字介绍，或者私发给客户，以引起客户重视；对文案中的重点文字进行标红，提高重点信息的阅读率；等等。

针对"重复购买数"这个机会点，它对应的漏斗是"客户使用价值"和"销售者信誉"，因此提出的改进措施是：每次购买后要进行售后指导和效果跟踪，让客户能看到产品带来的价值；对销售人员进行专业知识和经营理念的培训，提高销售人员的专业水平；坚持诚信经营，以做长久的生意为目标，将客户利益放在首位。

销售人员在与客户的互动中主要做什么

1. 做成交

成交是产生绩效的开始，前期所有的工作都是为了成交的那一刻。我所理解的成交不仅仅是产品和金钱的交换，而是客户购买了产品后，体验到了产品应有的价值，产生了对产品的认同，这才算是完成了一次成交闭环。因此，要以呈现出客户使用价值为交易的基本准则。

2. 做惊喜

永远都要比客户想得多一点，超出客户预期多一点，让客户记忆深刻，念念不忘，甚至有想要和别人去分享的冲动。做惊喜的关键在于用心，为客户付出时间有时候比付出金钱更能打动人。

中国有个成语叫"无奸不商"，其实原本是写作"无尖不商"，因为以前的米商在卖大米给客户时，是用斗来称量，量的时候会沿着斗的边缘把多余的米刮掉，量完后，米商会在米上面再加一把米，加出一个小尖儿，意思是超出了应有的米的数量，这样客户就会满意而归。

3. 做价值

把产品在客户端的价值可视化，让客户自己能够看到，不断强化客户对产品的认知，同时，也能够借助可视化的价值扩大品牌影响力，带来更多的新客户。让客户觉得买得值，是留住客户最好的方法。

4. 做服务

根据所从事的行业不同，为客户提供的服务内容也不同，这里不做重点阐述。但是有一个观念要分享：与销售产品相关的应当履行的责任不能称作服务，超出责任范围的内容才叫服务，千万别把自己应尽的本分当成客户欠你的情分。

比如，指导客户正确使用产品，这是责任，不是服务；客户买了你的空调，你负责安装好，这是责任，不是服务，因为空调买回去不装上的话只能称为半成品，不能使用，只有安装完之后，空调的使用价值才能体现出来。但如果你去给客户安装空调的时候，进屋穿上鞋套，安装完之后还把弄脏的地方擦干净，这就是服务了。

再回顾一下销售力的概念：销售力是指让产品通过销售流程的各个环节，顺利到达客户手中并产生预期价值的能力。主要是通过激活销售团队的动力、对销售流程进行改进，来把握销售渠道、抓住关键指标、采取关键行动，实现销售业绩的根本性增长。

从现在起，写出你的销售流程，明确列出关键控制点，并进行有针对性的改进吧！这会让销售流程中的各要素之间发生连锁反应，从而产生绩效倍增的神奇效果。

实现绩效增长的"331"法则

通过思想引领激活团队动力,通过流程改进提升整体绩效,前者是"领导",后者是"管理",两者相结合,才能实现销售的高效率。

有了这样的系统思维后,在具体的销售工作中,如何快速、有效地实现绩效增长呢?本节将分享实现绩效增长的"331"法则,即三个基础、三项措施、一个支撑。这是将整个销售流程中的一些关键点再次提炼出来,以供大家参考。

三个基础

要实现绩效的增长,有三个基础工作是必须要做好的,分别是:扩大流量、深挖存量、带动增量。

1. 扩大流量

扩大流量,是指要持续不断地扩大关注产品的目标客户数量,越多越好。虽然他们现在还没有购买产品,但是他们未来可能会购买,或者可能推荐他人购买。针对这样一群潜在的客户,我们需要与他们建立连接,引起他们的关注,在他们的心中建立品牌印象。

在扩大流量方面,有两点建议。

(1)**建立流量池**。很多企业扩大流量的方式就是在各种媒体和平台上打广告,或者是在搜索引擎购买关键词。这种方法不是不可以,但是获取成本高,宣传效果不好评估。所以,我建议在市场开拓初期可以借助其他平台引流,但是同时自己要建立一个私域流量池,把引流来的客户放在这个流量池里,与他们建立更深层的连接,并进行持续的宣传。

(2)**目标客户画像**。为了确保花钱、花时间引来的客户是有效流量,而不是无效流量,在引流前要先做一个目标客户的画像。先明确什么样的客户是我们的目标客户,他们具备什么特点,他们经常在哪些场合出现,然后再有针对性地采取引流措施。

2. 深挖存量

对于已经购买产品的存量客户，要继续深挖他们的价值，绝不能因为对方已经购买完产品，就冷淡了、忽视了、不联系了。应当把更多的时间、情感，投入到与我们合作的老客户身上。

在深挖存量方面，至少要做到三点。

（1）**为客户创造更大的价值**。已经与我们合作的客户，在他们购买产品的那一刻，不仅是交付了金钱，也交付了对我们的一份信任。于情，我们应该感恩回报这份信任；于理，我们应该对产品的效果负责。因此，我们应当与他们建立更紧密的联系、更深厚的感情，为他们提供更多的帮助。

（2）**发现新需求、提高客单量**。合作过的客户是最容易产生重复购买行为的，因为有了信任基础和对产品的基本认知。所以，我们常说"开发一个新客户的成本，是维护一个老客户的十倍"，就是这个原因。你帮助老客户解决的问题越多，为他们创造的价值越大，他们就越愿意将自己的需求告诉你，你的销售机会也就越多。发现新需求、提高客单量，是实现绩效增长的有效途径。

（3）**让客户心甘情愿为你推荐新客户**。对老客户维护得好不好，就看一点：他愿不愿意主动为你推荐客户。如果把这一点做好，就说明深挖存量的工作做到位了。其实，好的销售人员对于客户来说也是一种幸运，时间久了，这二者之间会形成一种相互依赖、相互供养的关系。

我们家是平安保险的客户，我和我爱人给父母、孩子和我们自己都买了平安的商业保险。优秀的保险公司不只平安一家，为何我们会把全部的保单交给平安？完全是因为给我们提供服务的那位平安保险顾问，她的工作做得太好了。凡是保险方面的问题，我们都咨询她，她总是能给我们提供非常专业的建议；家里有人生病住院，她会去医院看望，并代办所有的保险报销相关事宜；有时候我们遇到一些问题需要帮助，显然超出了她的职责范围，但是只要她有这方面的资源，就都会帮忙。她与我们之间已经超越了单纯的买卖关系，成了生活中的朋友。所以，当我们身边有亲人朋友要买保险时，我和我爱人都会极力地推荐她。

3. 带动增量

这里的"增量"主要是指新客户数量的增加，而不是销量。关于"带动增量"，有两层含义。

（1）增加客户数量是实现绩效长期增长的基础。要想实现绩效的增长，一方面要深挖存量客户的潜力，另一方面要增加新客户，不能一直"吃老本"，否则销售业绩就会走下坡路。

（2）增加新客户最好的方式是"以老带新"，发挥老客户的带动作用。要知道，新客户不是求来的，而是靠宣传吸引来的，还有靠老客户带进来的，"以老带新"这种方式的效果最好、成本最低。

三项措施

实现绩效快速稳健增长的三项关键措施，我认为是适度促销、超级用户、团队标杆。

1. 适度促销

促销是销量增长的助推器，适度的促销活动是必要的，可以有效地刺激客户消费，将潜在客户转化为成交的客户。

在制定促销方案时，一定要制定出具有挑战性的目标，通过促销帮助企业在最具竞争优势的时候将销量做到最大，在最能卖得起价的时候将利润最大化。但是，促销方案一定要把握好三点。

（1）**促销力度**。让利幅度不能过大，不能降低产品的价值，让客户感觉以前买亏了，最好不要采取直接降价的方式。

（2）**促销频率**。促销不能过于频繁，但也不能完全没有。那种"天天喊清仓，月月搞甩卖"的频繁促销，会让客户产生依赖性，陷入促销就有销量、不促销就没销量的恶性循环。要把促销当成业绩上台阶的机会，每一次促销活动都要落地有声，让客户数量和产品销量上升到一个新的高度，这样的促销才有意义。

现在去逛商场会发现：一些高档服装店已经回归价值本位，很少再做打折促销了。如果问店员："有活动吗？"她们会回答："我们店常年不打折，您什么时候来都是这个价，如果下次您来的时候看到您购买的这款衣服降价了，我们承诺给您补差价。"服装店这么做，就是为了避免掉进"不促不走货"的漩涡。

但我也遇到过这样的服装店：春节前，各个品牌的服装店都有年终回馈活动的时候，他们依然坚持对新老客户没有任何优惠活动。我觉得这种做法有点极端、冷冰冰，不太符合中国的人情文化。春节是一个喜庆的团圆节日，一家老小逛商场、买新衣，高高兴兴置办年货，顾客看上了某家服装店的衣服，该店做一些优惠让利，以表示对顾客的感谢和新年的祝福，让顾客高兴而来，满意而归，此乃礼仪之道也。

（3）**战略意义**。不能单纯为了做促销而做促销，要在设计方案的时候就想清楚，这次促销活动要对当月的销量起到怎样的作用，对下个月、下个季度、甚至下一年起到怎样的作用。每一次活动都要为下一步营销工作做好铺垫。

2. 超级用户

所谓超级用户，是指产品使用量较大、对品牌认可度高、具备一定的影响力、不仅购买产品而且乐意为品牌传播美名的客户。他们的身份已经不仅仅是消费者，还是企业品牌的传播者，甚至是产品的共同开发者。

一个超级用户能带来的不仅是一个客户，更是一片市场。前面讲过，新客户是吸引来的，是老客户带进来的，而超级用户就是这种能够帮你做宣传、为你带来新客户的人。

打造超级用户的方法很简单，就是前面讲过的深挖存量的三个点：为客户创造更大的价值；发现新需求、提高客单量；让客户心甘情愿为你推荐新客户。关键在于，你要用真诚对待客户，客户才会成为你的超级伙伴。

3. 团队标杆

团队标杆是指销售团队中业绩突出、敢于挑战、人品端正、乐于分享工作方法的佼佼者。

在一个团队中，有的人是因为相信所以看见，而有些人则是因为看见才会相信。团队标杆就属于前者，在团队向上攀登的过程中，他们用自己的行动证明这条路是可行的，用自己的业绩证明这个目标是可以实现的。他们在前面摇旗呐喊，让紧随其后的伙伴充满动力，实现一次又一次超越。

三年前，我的团队中年销量300吨的区域经理只有三人，团队中的其他伙伴在给自己定目标时总是很保守，不相信自己也能达到，还常用二八法则来安慰自己。去年，我们团队的销售冠军做到了年销量1000吨，其他伙伴突然认识到：我实现300吨的目标也是完全可以的。于是，他们都有了信心去挑战自己，并真的达成了目标。

每一个营销团队都应该有自己的标杆人物，发现亮点、树立标杆，是营销管理者的重要工作。如何树立团队标杆呢？有以下几点。

（1）发现那些积极主动、对自己有高要求、有意愿挑战高目标、品行端正的团队成员。

（2）与该成员一起，制定一个具有震撼力和感召力的目标，并确立实现目标的方法和计划。

（3）政策倾斜，重点支持，帮助其实现目标。

（4）奖励标杆，树立榜样，在团队中分享标杆的先进事迹和有效方法。

在这里要注意两点。

首先，作为团队标杆，人品一定要正，因为他们不仅仅是业绩优秀的代表，也是团队精神文化的象征。

其次，在奖励标杆时，要重点奖励其正确的、对团队有积极影响的行为，而不要过多地做人格评价，否则会让未获得奖励的成员心里感到不舒服。毕竟，我们奖励标杆的目的，是要激励团队其他成员也按照我们引导的这些正确方式去做，而不是区分好人与坏人。

一个支撑

企业是一个整体，这是最基本的事实，我们需要回到这个事实中去看待我们的销售工作，这是获得业绩长期增长的关键点。

根据我的营销管理经验，营销活动从策划到执行，要想产生理想的效果，绝不是某个部门的事情，而是整个营销系统通力协作的结果，是理论和行动的高度一致，是后勤和一线的完美配合。要发动企业全部的资源，全体员工上下一致，贯彻以客户为中心，不拘泥于自己的立场，各部门有统一的目标、相同的理念和共同的语言。

如果没有这个支撑，就会出现各自为政的局面，这是对企业资源的极大浪费。一个组织就好比一个人的身体，牵一发而动全身，任何一个器官出现异常，都会影响身体的健康。比如，客服人员一句不专业的回复，就有可能让前期的宣传工作泡汤、客户跑单。

在本书中，我把营销力的公式总结为：营销力 =(产品力 + 品牌力)× 销售力，就是要突出这种整体感和系统性；我将销售流程的改进作为绩效突破的重要途径，也是为了强调这种整体感和系统性。研发、销售、企划、客服等与营销相关的所有部门，共同构成了这个支撑体系。

没有完美的个人，但可以有完美的团队。组织和团队的优势就在于：他们可以通过分工合作、取长补短，从而超越个人能力，让个人不可能做到的事情变成可能。因此，实现绩效的增长需要一个支撑，那就是协同作战、系统制胜，具体来说，分为以下四点。

（1）重视和尊重公司内部的其他协同部门，信息共享，借力使力，才能让销售工作更轻松、更高效。

（2）每个人、每个部门都是这个系统里的一部分，一荣俱荣，一损俱损，上下同欲，协同作战，服务于共同的目标，才能取胜。

（3）在企业外部也要建立自己的人脉支撑体系，与当地的同行广泛地建立合作共赢的关系，互相联合，共同服务好客户，千万不要恶意竞争、为自己树敌。

（4）从时间维度来看，要实现业绩的长期增长，还应当提前做好人才储备、客户储备和组织能力储备，从而支撑未来的业绩增长。

第五章

营销的终极目的：获得持续增长力

所谓增长力，即企业实现利益增长的能力。要获得持续的增长力，除了要对营销力中的产品力、品牌力、销售力进行打造，还应当把握一些发展的基本规律和增长思维，建立正确的思维方式，拒绝低水平的重复。

坚持可持续发展之道，助力企业利益持续快速增长

可持续发展，是科学发展观的基本要求之一。而放在企业发展中，可以理解为：既要考虑企业当前发展的需要，又要考虑企业未来发展的需要，不能以牺牲企业的长远利益为代价来实现当前的利益。因此，**本书对可持续发展之道的定义是：基于企业的经营使命和战略目标，既能推动企业当前的生存发展，同时又能为实现企业的长远目标而累积资源和能量的一种企业经营思路与方法。**

我将可持续发展之道总结为三个部分，即**基于本质的思考、基于原则的做事、基于人心的合作**。基于本质的思考能帮助我们做出正确的决策，基于原则的做事能确保我们将事情做正确，而基于人心的合作则是我们不断聚集人才与智慧、激发团队斗志，从而实现益人利己、合作共赢的前提。接下来我将一一进行阐述。

基于本质的思考，确保决策正确

本质即事物的根本性质，是事物运行的规律所在。从事经营管理就要了解经营的本质，从事营销活动就要了解营销的本质，这些关于本质的概念是我们在工作中进行深入思考、探究根本的基础。

杰克·韦尔奇先生在《商业的本质》一书中说："商业的本质就是探求真实、建立互信的过程。"陈春花女士在《经营的本质》一书中对于经营的本质的定义是：以客户为中心，为顾客创造价值，让客户满意、让企业赚钱。该书对于营销的本质的定义是：建立企业与客户之间的信任关系，为客户创造价值，在为客户创造价值的哪一个点上我们能有所作为，那么这个点就是我们营销的空间。从这两位中外管理专家给出的定义来看，**企业为客户创造的价值和客户对企业的信任，这两点是我们在经营活动中应当重点关注的内容。**

我的领导曾经问过我一个问题："你觉得我们公司最大的资产是什么？"我毫不犹豫且坚定地回答："是客户对我们的信任，只要客户对我们的信任还在，

不管遇到什么困难，都能挺过去。"

了解了这些概念，在工作中就可以此为出发点去深入思考，在做任何决策前都问一问自己：我们这样做的目的是什么？这样做对客户有没有好处，有什么好处？这样做对企业发展有没有好处，有什么好处？我们这样做是在增进客户对企业的信任，还是在降低客户对企业的信任？当前客户最需要解决的问题是什么，我们的哪些产品和方案能够帮助他们解决这些问题……

对于这些问题有了清晰的答案，基本上就能做出正确的判断了。

当有了对本质的思考，就不容易被外界的环境所干扰，就能够在风起云涌的市场变化中保持一份专注、一份冷静、一份坚持。

基于原则的做事，确保行动准确

何谓原则？我个人比较喜欢瑞·达利欧在《原则》一书中的解释：**原则是根本性的真理，它构成了行动的基础，通过行动来实现生命中的愿望**。我觉得，原则就好比一座灯塔，在迷雾中指引我们前行，在遇到各种不可预料的情况时，依然能做出正确的反应、更好的决策，并因此过上更好的生活。

那么，我们应当遵循哪些原则呢？我总结了六条我认为非常重要的原则，与大家分享。

1. 坚持基于本质的思考

这不是一个行为，而是一种思维模式和思维习惯，在看待任何问题时都能拨开表象，理性地去分析和思考，这能大大降低决策风险和决策成本。尤其作为管理者更应如此，因为管理者最重要的一个职责就是要确保团队做"正确的事"，否则，团队越努力，错得越离谱，离成功越远。

2. 坚持正道，积累福报

要坚持做正确的事情，做人做事要有底线，不做违反法律和道德的事，不做有损客户利益、社会利益和子孙后代福祉的事。我觉得这是作为一个人应守的本分。不断积累福报的人,有时候虽然会面临困境,但最后总能逢凶化吉。

3. 诚信专注,益人利己

顾客只会出于两个原因购买你的产品:一是价值,二是信任。也就是产品要好,要能真正给他们创造价值,还有就是你这个人要好,他们要相信你。专注才能带来专业,专业才能保证品质;诚信才能建立信任,信任才能形成合作。先帮助客户创造价值,然后获得自己的发展,这个顺序不能颠倒。唯有坚持这一点,才能建立客户对企业长久的信任。

《史记·货殖列传》中记载道:"卖浆,小业也,而张氏千万。洒削,薄技也,而郅氏鼎食……此皆诚壹之所致。"这里的"诚壹",指的就是诚实、诚信、专注、专一。经商成功之道,全在这二字里。

4. 极度求真,极度透明

这是瑞·达利欧在《原则》一书里极力提倡的经营管理原则。极度求真,效率最高;极度透明,成本最低。我们要不断追求真实,探究真相,避免人云亦云、掩耳盗铃、妄自夸大,这样我们在解决问题时才能精准有效,可以少走弯路。团队成员之间在沟通时,也要做到坦诚、透明,这样不但可以增进信任,而且可以降低沟通的成本,减少猜疑和误会。但是,要做到这一点,需要企业有这样的文化做保障,领导者要接受、鼓励这种文化,并且奖励这种行为。因为说真话是需要勇气的,而且还需要有正直的人品做基础,如果企业不能强有力地支持这种行为,那么说真话的人很有可能要冒着受排挤、受孤立的风险。假如企业有了这种求真、透明的氛围,团队成员之间也建立了这种默契,那么我相信,大家相处起来会非常简单,企业发展也会形成良性循环。

5. 追求卓越,终身学习

财富是卓越的附属品,而学习则是卓越道路上的加油站。我们要做一个终身学习者,不断提高自己。所有的问题都可以通过学习来解决,当我们觉得现在的问题不能得到解决的时候,一定要相信,不是这个问题本身无法解决,而是我们目前的思维、眼界和能力还不能去解决，所以，去补充知识、开阔眼界、提升能力才是最有效的方法。

6. 不忘初心，以终为始

每个人、每个企业，在最开始出发时都有一个梦想，有一个立志要去往的地方，只是有些人走着走着就忘了，然后偏离了方向。因此，我们要不时地反省一下自己，问一问自己到底想要什么，以结果为导向，做有意义的事，发展有意义的人际关系。

基于人心的合作，确保状态在线

我们合作的对象是人，而且，企业所有的战略目标和计划都是由人制定和执行的，客户对企业的信任也是由人来建立的。因此，**经营人的工作十分重要**。

那么，在经营人的工作中，什么是其核心内容呢？我认为是**经营人心**。而**经营人心的目标，就是要让合作伙伴在这里找到归属感和价值感，把公司的事当作自己的事一样对待**。

在企业的合作伙伴中，往往可以看到两种类型的合作关系。一种是事业伙伴甚至是生命伙伴，他们以公司为荣，当公司取得成绩和进步时，他们会感到由衷的骄傲；当公司出现问题时，他们会着急，会及时反馈，会与公司一起去积极解决问题，他们与公司的价值观、事业目标是高度一致的。还有一种是比较单纯的利益关系，当公司出现问题时，他们更多的是指责、抱怨、推脱责任，或者干脆离开。

从心理学角度来讲，每个人都更倾向于去实现自己的目标，而不愿成为别人的机器。而且，人们终其一生追寻的，就是归属感和价值感。当我们在一个组织中感受到了归属感和价值感，就会将自己视为组织内的一员，从而把组织的事当成自己的事。而只有当一个人从内心把一项工作当作自己的事情来对待时，他才会积极主动地去想办法解决问题、实现目标。所以，激活人心才能激活团队，进而激活市场。

那么，如何帮助合作伙伴在企业中找到归属感和价值感呢？

1. 建立归属感

归属感的意思是，我觉得自己属于团队的一部分，我和别人有连接，我是被团队接纳的，我是安全的。**归属感能产生自我约束力和责任感**，把团队中的伙伴当成自己人，把组织的事当成自己的事，把企业的文化理念当成自己的行为准则。

帮助合作伙伴在企业中找到归属感，可以从以下两个方面入手。

（1）事业的归属感。明确企业的使命、愿景、价值观，找到企业存在的意义，并把这份意义传递给每一位合作伙伴，让他们相信这是一项有前景的事业、是一项利他利己的事业、是一项值得奋斗终生并可以传承的事业。要做到这一点，首先，企业领导者要带头成为企业的品牌代言人，为企业站台，为企业发声，让伙伴们看到企业领导者的思想、行动，感受到企业领导者的人格魅力与力量。其次，要在每一次的营销活动和广告宣传中，全方位、多角度地诠释这份事业的信念和意义，同时不断挖掘和展现每一位志同道合的伙伴身上独特的闪光点，并用这些鲜活的故事去填充企业的文化骨架，让它变得更丰满、更生动、更真实。

（2）身份的归属感。首先，明确合作伙伴在企业中的责任、身份和位置，让他们有自己人的感觉，在语言交流时要多说"我们"，而不说"你们"，要让伙伴们感受到这种亲切感。其次，企业可以"画一张像"，来展现企业的伙伴是一群什么样的人，这群人具有什么样的特点和行为表现，然后让伙伴们去自我匹配，产生文化认同，成为真正的"自己人"。最后，要为合作伙伴提供一些展现自我价值和发展的平台，比如，让具备影响力和号召力的伙伴担当区域内的小组长；邀请具备远见谋略的伙伴成为公司的营销顾问；当公司有新项目和新平台出现时，让优秀的伙伴深度参与，成为合伙人等。

2. 创造价值感

价值感的意思是，我在群体中是重要的，是被需要的，我是有意义的存在。

价值感能产生自我成长力和成就感。 当一个人感到自己在团队里受尊重、有价值，就会有成长和进步的动力，越进步越有收获，越收获就越有成就感，这种感觉会让人很舒服，不愿离开。

帮助合作伙伴在企业中获得价值感，我认为至少要做到以下三点。

（1）帮助合作伙伴不断提升道德修养和工作能力，**激活伙伴们的良知良能**，让他们真正成为有影响力的人，得到客户的尊重与信任。

（2）慷慨地给予伙伴足够的尊重和肯定，用人所长。每个人都渴望被赞美，团队的正确行为也需要去塑造和引导。所以，**当伙伴做出了某个积极的、正确的行为时，要给予及时且高调的肯定，并说出具体的事例和原因，以及这个行为带来的价值。** 这样的赞美才是走心的、能让人产生共鸣的。

（3）真正关心伙伴的成长与幸福。人是思想情感丰富的复杂动物，不是一台工作机器，人的内心需求也是多方面的，不是单一的。在马斯洛需求分析中，物质和生存是最基础的需求，而自我实现是最高层次的需求。也就是说，工作、赚钱是手段而非目的，最终目的还是实现个人成长、体现自我价值、获得内心的满足与幸福。在管理实践中也有句话，叫作"先关注心情再处理事情"，其背后的逻辑是：一个人愿不愿意做一件事，能不能用心做好一件事，不仅取决于这件事是否正确，更多的时候是受他当时的情绪、状态等感性因素所影响。因此，我们在对待员工和合作伙伴时，一定要懂得人性，接纳人性，发自真心地去关心伙伴的成长，帮助他们通过自身的学习和努力获得幸福人生。

在经营人心这部分中，我还想特别强调一点，那就是如何对待离职的伙伴。在企业中，人员流动是再正常不过的事，也正因为习以为常了，所以容易被忽视。在对待离职伙伴，尤其是那些曾经为公司做出过卓越贡献、由于特殊原因不得不离开岗位的伙伴时，**一定要体现企业的"温度"，给予其足够的尊重，让他们体面地、风光地离岗，但却不离心。** 否则，人走茶凉、曲终人散的消极情感会在团队中发酵，甚至产生负面的影响。

在我刚担任管理岗位的头几年，由于自己年轻不成熟，在处理离职的事情时欠考虑，做得并不周到。后来随着自己年龄和阅历的增长，心智也慢慢成熟，近几年，员工离职率大幅度降低，虽然偶尔也有员工离职，但是我们的关系都相处得还不错。在他们走的时候我会给他们开欢送会、组织聚餐；对于贡献比较大的离职员工，我还会给他们一笔额外的感谢金；对于那些因为年龄而正常退休的员工，在他们离职后，每一年我都会让行政部给他们送上生日祝福和礼物；有时候，我还会组织离职员工进行聚会，聊聊近况……

去年，一位离职多年的伙伴看到我们在发布招聘信息，再次来参加我们的面试，目前，她又成了我们的一员，而且业务很熟练，广受好评。当然，我们在重新聘用曾经的离职员工时也是很慎重的，一方面要根据该员工以前在公司任职期间的表现，另一方面也要看他自上次离职后的工作经历和进步程度。

人心经营好了，团队就活了，团队活了，市场也就活了，工作方法便会如潮水般涌现而来，产生巨大的能量。

在我的营销管理中，我主要关心两件事：一是用户用了产品后是否产生了更高的价值；二是我的员工和合作伙伴在公司平台上是否获得了成长。这些工作看上去都没有谈如何增加销量，但是，当我们的产品真的为客户创造了价值，当有一群人能与我上下一心、朝着同一个目标主动前行时，提高销量也就水到渠成了。

高效营销的十大增长思维

请思考一下：为什么同样一件事，不同的人对它的看法和分析的角度是不一样的？这个不一样取决于什么？

根据美国心理学家埃利斯提出的"情绪 ABC"理论，不同的人对待同一件事的看法，取决于中间的思维方式，即价值观、信念、思考方式。对待同一件事，不一样的看法会产生不一样的做法，不一样的做法就会带来不一样的结果。因此，错误的认知评价会导致消极的结果，正确的认知评价则会产生积极的结果。

那么在营销中，我们应当树立哪些思维方式，来帮助我们提高营销工作成效呢？这里我总结了十条，即高效营销的十大增长思维，供读者参考。

增长价值思维——决定存在与否

增长价值思维是指，在工作中，凡事要以贡献增长价值为目标，做出结果，做出成效。这条思维决定了员工能否在企业中生存下去。

增长价值有三层含义。

（1）每一个营销人，每一位员工，都要明确说出自己对于企业、对于团队的增长价值在哪里。企业价值一定要实现增长，这一点毋庸置疑。作为营销人，更加要有这种思维，因为营销是企业价值的增长龙头，在每年签订目标时，营销人一定要主动承担起企业价值增长的责任。增长价值不仅仅是销量，不同的部门职责不同，对于价值的贡献也不一样。你能够说出并且做出你对于企业价值增长带来的贡献，你就有在这家企业存在的必要；反之，你的生存与发展就堪忧。这是一个非常残酷的现实和道理，希望每个人都能把"增长价值"这四个字刻在脑子里，印在心里。如果每一个人都带着为企业做出价值增长贡献的初心来工作，那么，企业必将迅速壮大。

（2）多谈功劳，少谈苦劳。多谈功劳，以价值来说话。不管是团队管理者还是团队成员，要想让其他团队成员心服口服，就一定要让他们看到你身上不可替代的、不可或缺的价值。

（3）第三层含义是指人生价值，我们对于他人、家庭、社会的贡献和价值是什么。价值感是所有人幸福的源泉，就连小孩子也需要价值感，当你给孩子安排一件事情并表达出对他的信任与感谢时，孩子就会很乐于接受这项任务，而且会非常认真地去完成。试想一下：当你为客户解决了问题，客户向你表示感激时，那一刻你是什么感觉呢？

如何判断自己在团队中是否是一个具有价值的人呢？可以问自己几个问题：在过去的一年中，我有多少次满怀着激动之情，抑制不住兴奋地主动去找领导沟通创新性想法和建议？如果我是领导，要再招一名和自己一样的员工，我会愿意吗？在团队中，我具备的或者未来期望自己具有的独特价值和贡献是什么？把它写下来，并努力实现，我相信，自信和幸福感就会油然而生。

永争第一思维——铸造增长飞轮

"永争第一"这个词，我第一次听到是在罗振宇的《罗辑思维》节目里，他分享了关于迪拜的案例。

迪拜是一个位于沙漠里的城市，20年前它是一片沙漠，没有地理资源优势，也没有区位优势，更没有丰富的地质资源，那么，它是靠什么在短短的20年后成为世界瞩目的旅游城市呢？它靠的就是"永争第一"的思维，只要是人力所能做到的，都尽量做到世界第一。

比如，迪拜想要建造世界第一的高塔——哈利法塔。在迪拜哈利法塔建成之前，世界最高的楼是中国台湾的101大楼，高509米。按照常规的思维，它要超越101大楼成为世界第一高楼，建510米就行了。但是迪拜的哈利法塔建到了828米。而且，在打地基的时候，是打了能够承受住100万吨重量的底座，但建到828米只用了50万吨的承重力，也就是说，它还有再往上加高200米的潜力。这就意味着，其他国家如果想超越哈利法塔再建一座世界第一的高楼，是很难的。

所以，要成为第一，一定要成为具有绝对优势的第一，而不是引领一小步。除了哈利法塔，迪拜还创造了无数个世界第一：第一大游乐场、第一大水上乐园、第一大音乐喷泉、第一大购物中心、第一大机场、第一大室内滑雪场。不仅如此，据说迪拜的警车是高级跑车，迪拜的ATM机里还可以取出黄金。迪拜就是靠这么多的世界第一，吸引了全世界人的目光。

在这个案例中，迪拜永争第一的背后是什么逻辑？世界第一能为它带来什么好处？我用下面这幅图来解答背后的逻辑。

永争第一的思维能够铸造增长飞轮。"第一"自带影响力，这个影响力会带来更高的关注度，更高的关注度会加强客户对产品的认知，更深的产品认知会产生更多用户，更多用户会带来更大销量，而更大的销量则会进一步促进企业成为影响力第一的品牌，这个飞轮就这样转起来了。

做到第一，不仅能让我们在未来做得更轻松，而且还能够提高品牌知名度，减少客户的选择成本，降低企业的营销成本。另外还有一个隐形的好处，就是可以大幅度降低企业的时间成本，让企业远离低端竞争的泥潭，能更加专心地去做自己应该做的事情，积累优势。

在我的团队里，不想做第一的销售人员就不是合格的销售人员。虽然"第一"只有一个，但是"想做第一"的决心和目标却必须人人都具备。如果连想都不敢想，那么更不可能做到，即使做到了，也只是偶然。因此，企业和营销人在为自己设定目标时，一定要敢于提出不可思议的目标，唯有不可思议的目标才能带来不可思议的结果,最终成就远超竞争对手的格局。对于营销人来说,除了胜利,别无选择。

长期增长思维——构建信任网络

长期增长思维,是指我们在做营销工作的时候,不能只顾眼前利益,所做的事情一定要对企业的长远发展有利。

在考虑一件事情应不应该做的时候,一定要从多个维度去分析。有时候,从局部来考虑问题,会觉得应该这样做,但如果从不同的维度来综合考虑,却发现这样做很可能是错的。那么,可以从哪些维度去分析问题呢?我给大家一个参考模型,如下图所示。

考虑一件事情是否有利于实现利益的长期增长,至少要从这四个维度来考虑:时间维度、空间维度、利益维度和关系维度。从这四个维度去衡量,找到一个最佳的平衡点。每次在行动前都想清楚:通过这次活动,从长期、短期、整体、局部、周边,以及我们自身等方面,能够得到什么样的好处。想清楚了,就能判断这件事情值不值得去做了。

时间维度:想一想,两年以后再来看这件事情,现在的做法是不是对的?要做到兼顾长期利益和短期利益。

空间维度:跳出局部位置,从整体来看,做这件事情是不是对的。比如,个别市场的过度降价促销。从自己市场的角度来衡量,这样做是没问题的,因为你是拿自己的利润在做让利。但如果这是个连锁品牌,这种方式就可能会牵连到其他门店的利益，需要适度控制。

利益维度：做这件事情的利弊是什么？是利大于弊，还是弊大于利？有没有违反法律、道德和他人利益？

关系维度：做这件事情对你自己有利，对团队中的其他伙伴有没有利？会不会伤害到别人的人际关系？我们做事情，不能给别人造成困扰。

以利益的长期增长为目标，从四个维度去分析和考量事情的思维，能够帮助我们构建起信任网络，包括领导的信任、同事的信任、客户的信任等，让他人相信你是一个做事靠谱的人。

要事第一思维——明确关键指标

要事第一，是《高效能人士的七个习惯》里的第三个习惯，是指要做好时间管理，重要的事情优先做，才能提高工作效率与生活品质。要做到要事第一，关键在于要能够分辨出什么是"要事"。在工作中，如何判断哪些事是"要事"呢？一个标准：即这件事对于实现目标的价值贡献大小与重要程度。对目标影响越大的事，越应当花更多的时间去做。

营销工作千丝万缕，涉及方方面面，借助要事第一的思维，可以帮助我们明确关键行为指标，把时间与精力聚焦在对目标的达成最具有价值的事情上，集中精力办大事，远比每天漫无目的地忙忙碌碌要好得多。

不同的战略目标、不同的业务模式、不同的发展阶段，其"要事"是不同的，由此而涉及的关键衡量指标也不一样。比如，有些企业在市场开发初期，优先关注的是渠道建设，那么渠道数量和覆盖率是关键衡量指标；到了市场的快速增长期，需要考虑的是如何留住老客户、吸引新客户，那么关键衡量指标就是客户留存率、复购率和老客户推荐数等；而在市场成熟期，就要重点考虑如何赚更多的钱来实现规模化经营、培育第二增长曲线，以及优化渠道结构和提高未来成长性，其关键指标就变成了利润率、人才储备量等。

一份简单、聚焦、明确的行动计划，比一份完美的方案更具备号召力，更能达成预期结果。因此，在为"要事"设置关键指标时，建议参照目标管理的"SMART 原则"，即 Specific（具体的）、Measurable（量化的、可衡量的）、Attainable（可实现的）、Relevant（相关的）、Time-bound（有期限的）。

另外，在营销工作上，不要追求百战百胜，那样太劳民伤财了。人的精力是有限的，什么都想做，结果什么都做不好。应当努力做到一战而定，要做就集中兵力实现一次大胜利，上一个新台阶。

大舍大得思维——培育增长沃土

我们经常会听到一句话："有舍有得，不舍不得，小舍小得，大舍大得"，你同意这句话吗？在回答之前先通过一个案例来感受一下。

假如你们公司要做产品广告，一种形式是杂志的封面大版面广告，但是经费有限，所以一年只能做五次；另一种形式是一个内页的小插页广告，这类广告价格低，预算的经费够做一年，每周都能做。你会如何选择？

我们常说要以终为始，在做决定之前不妨想一下：做广告的目的是什么？主要目标有三个：让目标消费者看到、建立品牌形象、促进产品销售。如果你选择的是内页的小插页广告，消费者看到了会对你们公司产生什么印象？他们会认为你们公司是一家实力不够雄厚的小企业，是不是？

回到前面的问题：有舍有得，不舍不得，小舍小得，大舍大得，这个观点大家同不同意？我的个人观点是：做营销，没有小舍小得，只有小舍不得，甚至小舍大失！该投入的时候不投入、小投入，最后得到的是负面的效果，这个钱还不如不投。花钱是一门艺术，钱没花对地方，没有进行决胜性的投入，那还不如不花。

我们要建立这种大舍大得的思维，因为在有些事情上面，投入越大，成本反而越低。

我觉得经营企业有两件事情是不能省钱的。第一件事情，**对于有贡献的人**

才的奖励不能省。我们的奖励一定要给得有惊喜，让对方觉得明年不好好干，都对不起公司，这个钱就花值了。如果你给他这个奖励，反而让他产生了埋怨，让他觉得没有获得应有的肯定，那就"舍小失大"了。

第二件事情，**是对公司品牌资产的投入不能省**。对品牌资产的投入同样遵循这个规律，投入越大，成本越低。

有一次，我们办公室的客服小姑娘们加班到晚上七八点，我给她们发了个每人200元的微信红包，有一位客服在群里激动地说："这是我有史以来抢到的最大的红包。"看，这个"最"就会让她记忆深刻。

再比如，男士们给女朋友送礼物，要么别送，要送就要送得让对方心动。要么足够舍得花钱，要么足够舍得花心思。

创造惊喜思维——穿透用户感受

让客户认为"物超所值"，是留住客户最好的办法。所谓物超所值，就是有惊喜，超出预期价值。

客户感受到了惊喜，不仅能强化他们对产品的认知，还能促使他们主动为产品做宣传，产生品牌传播意义。要做到为客户创造惊喜，需要注意两点。

一是不能夸大产品效果，也不能过度降价促销，要合理地管理客户期望值，否则不但不会有惊喜，还会让客户失望。

二是要足够用心，足够真诚。不是所有的惊喜都只能用物质来体现，比如，你得知客户当前遇到了某个问题，你给他提供了这方面的权威信息，为他推荐了有用的人脉资源，帮助客户解决了这个问题，这种细心与用心也是可以打动客户，与客户建立友谊与信任的。

与众不同思维——强化品牌认知

与众不同，是极度竞争时代的生存之道，在这样一个时代，唯有不同才能被别人记住,才能在客户心里占据一席之地。

德国哲学家莱布尼茨说过:"世上没有两片完全相同的树叶。"每个物种、每个人、每一款产品,都有与众不同的地方,因为不同,世界才如此丰富多彩。一味模仿是最糟糕的举措,那会让你彻底丧失竞争力。

也许你会说,我确实找不到不同之处,怎么办?杰克·特劳特的《与众不同》一书中介绍了几个寻找差异化的方法,在打造产品力那一章中已经分享过,大家不妨借鉴一下。

这里需要提到的一点是,与众不同,不仅来源于你的产品功能,它还可以来源于服务、制造工艺、品牌个性、使用方法、应用场景等。把思维打开一些,你会发现,原来有那么多的独特之处被我们忽略了。

日本松下电器曾经针对学生等需要大量消耗脑力的消费群体,推出了一款能够增加氧气浓度的空调;也曾为那些独居老人,设计推出过一款免清洁过滤网的空调。松下空调在2003年的市场占有率仅为9.6%,通过推出这些创新性的产品,在2008年,松下空调的市场占有率增长到了21.3%,成为日本销量第一的空调品牌。

还有百事可乐,通过品牌个性的差异化定位,针对年轻人提出"新一代的选择"的概念,推崇"快乐自由",并找了一大批年轻人喜欢的明星做代言人,区别于可口可乐的老牌形象,最终在广阔的全球饮料市场中后来居上,与先于其十几年问世的可口可乐并驾齐驱。

消费者购买产品的时候,大部分时候是感性驱动的,他们对哪个产品印象更好、更深,对哪个名字更熟悉,就会倾向于选择哪个产品。比如,超市里有几十款护肤品,几乎没有人会把这几十款产品全部试用一遍之后,再来确定自己今后要长期使用哪一款产品。消费者对产品的判断,通常来源于商家的品牌宣传,或者是客户口碑。

因此,要确立与众不同,还要不断重复你的与众不同,强化客户对品牌的认知,这不仅可以降低客户的选择成本,也能够降低企业的营销成本。品牌一旦在消费者心中建立起来，就能大幅降低销售工作的难度。

不出众，就出局！做出不同的产品是研发团队的本事，把同样的产品卖出不同就是营销人员的本事。有一句被广为传播的广告语：农夫山泉有点甜。到底甜不甜？我们没有测过，但是自从这个广告语上市后，我在喝农夫山泉的矿泉水时，似乎真的尝到了一丝丝甘甜的味道，不知道你有没有同感。

这就是与众不同带来的魔力，也是品牌的力量。

超级用户思维——增加销售深度

在互联网营销中有两种常见思维：一种是流量思维，另一种是超级用户思维。流量思维适用于流量型的业务，客户流动性较大、重购率低，企业要维持稳定的业绩，就需要不断获取新流量。而超级用户思维则相反，它适用于客户群体相对稳定、重购率高的业务形态，客户认可度越高，为企业贡献的价值就越大，企业的营销成本也越低。

同样是饭店，景区里的饭店和小区里的饭店，他们的营销思维是不同的。景区里的饭店，客户流动性大，有的客户一辈子可能就去吃一次，而且景区的人流量大，饭店的获客成本低，所以，景区饭店的经营采取的是流量思维。而小区里的饭店则恰好相反，住在这个小区里的人数是一定的，一个人可能会去这个饭店吃很多次，而且，每一个去饭店吃饭的居民对于饭店的体验感受，都会影响到身边的其他居民，因此，小区饭店的经营必须采取超级用户思维。办会员卡、送亲友体验券、客户在生日当天可以获赠礼物等方式，是小区饭店比较常用的经营策略，其营销工作重点与景区饭店是不同的。

从上面这个例子中不难看出，对于想要打造品牌、想要获取更高的重购率以实现边际效应最大化的企业来说，更需要超级用户思维。当然，也不排除两者的结合，可以一方面利用流量思维来增加营销的宽度，提高客户关注度和品牌知名度，建立企业自身的流量池，储备更多潜在客户；另一方面利用超级用户思维增加销售的深度，着重维护好老客户，让他们成为企业的超级用户和粉丝。

那么，什么是超级用户呢？超级用户是指产品使用量较大、对品牌认可度高、具备一定的影响力、不仅购买产品而且乐意为品牌传播美名的客户，他们的身份已经不仅仅是一个消费者，还是企业品牌的传播者，甚至是产品的共同开发者。因此，一个超级用户为企业带来的不只是一个客户，更是一片市场。

企业和营销人员在对待普通用户和超级用户时，应当是不一样的。我们要做的，不是取悦每一个客户，而是努力用心对待爱我们的人，把80%的时间花在超级用户身上，为他们提供服务、创造惊喜、创造价值，让爱我们的人更幸福。同时，把超级用户当作伙伴、朋友，形成利益共同体和事业共同体，一起成长、一起发展，实现合作共赢。

全线粉销思维——点燃市场热情

如果想让市场热起来，谁应该先动起来？谁最应该成为企业和产品的粉丝？

没错，就是我们自己，而且要从高层领导到每一位员工。我们自己愿意使用的产品，客户才会愿意相信；我们自己热爱这个品牌，客户才会被打动；我们对自己所从事的事业展现出了足够的热情，合作伙伴才会受感染、被点燃激情。我见过很多销售人员每天为了业绩愁眉苦脸，一边规划销量、分解任务、压货促销，一边抱怨自己的企业、抱怨市场、抱怨大环境。

所谓全线粉销，就是要以企业内部员工（尤其是领导者）为核心燃点，不断向外扩散能量，让这股能量影响到上游供应商、下游客户和经销商伙伴，甚至是同行和同行业的权威专家，让他们都像粉丝一样为我们宣传。超级用户是粉丝，但粉丝却不一定是超级用户，他们可以是任何一个认同你、欣赏你、喜欢你的人，包括认同和欣赏你的产品、你的经营理念、你的品牌个性等。

粉丝的价值不可估量。《深度粉销》一书总结了粉丝价值的几个方面，包括以下五点。

（1）销售价值。即购买产品所带来的销售额的增长。粉丝们不仅购买某一款产品，凡是公司推出的新产品，他们都是第一批尝鲜的用户。有了这样一批粉丝，你就无须再为销量而苦恼了。

（2）**口碑价值**。俗话说："金碑银碑不如客户的口碑"。现如今，消费者们更愿意相信身边人的推荐，而不是传统的广告，因此，粉丝们的口碑无疑是企业建设品牌的重要途径。

（3）**渠道价值**。在传统的商业模式中，渠道的主要作用是分销产品。而如今，随着电商行业的发展，粉丝们既可以是购买者、传播者，还可以是分销者，粉丝渠道的裂变可以带来销量的指数型增长。

（4）**内容价值**。我们正处在一个内容为王的时代，要想在海量的信息中被目标消费者所注意，就需要提供有趣的、有价值的、真实的、有创意的内容。这些内容从哪里来？就从热爱我们的粉丝中来，包括我们自己。热爱，是灵感的源泉，唯有热爱，才能让群智涌现。

（5）**封测价值**。封测是网络游戏公司在推出某款游戏前，找游戏玩家做的上市前的测试。引用在这里，是指新品上市前，找一批忠实粉丝进行产品体验和收集建议，以进一步完善产品。在这一点上，小米公司将粉丝的封测价值运用到了极致，从研发、设计到生产，小米的整个流程都是向粉丝开放的，粉丝的参与感，正是小米取得成功的原因之一。

在当今的市场中，无粉丝不营销，无粉丝不品牌。培养粉丝、关注粉丝、重视粉丝，是燃爆市场的制胜法宝。当然，不要忘了，企业的领导和员工是最重要的粉丝，首先点燃自己，才能影响他人。

终身学习思维——持续提升势能

为什么要终身学习？因为你的实力要能够配得上你的野心，否则，你靠运气得来的东西迟早会因实力还回去。

本章谈的是利益增长，而且是要持续地增长。如果我们自身不能持续学习，不能持续增加势能，又如何支撑利益持续增长，如何做到持续产出呢？所以，学习是增长的前提，个人如此，团队亦如此。把终身学习思维放在最后，并不是因为它最不重要，相反，它是最重要的。磨刀不误砍柴工，学习就像磨刀，它是一件重要但不紧急的事，需要长期、持续地积累。

现在很多企业都致力于打造学习型组织，也就是所谓的"learning organization"。但是，著名管理学专家德鲁克先生认为：成为学习型的组织只做对了一半，因为学习分为有效学习和无效学习，很多时候，没有结果地盲目学习不仅无法获得成效，反而会白白浪费员工的时间。

经常会有员工问我："您推荐的课程和书籍我也看了，为什么我就做不到像您这样有收获、有成效呢？"我想，可能还是学习方法的问题吧。那么，如何才能成为一个有成效的终身学习者？在这里，我分享一些我的心得体会。

首先，要知不足，保持谦虚的心态。学习可以弥补自己的不足，而了解和承认自己的不足是学习的开始，一个自满的人听不进去他人的意见，也不可能成为终身学习者。任正非先生在华为一直倡导"自我批评"的文化，就是让员工要时刻保持自我警醒，这是华为在成功后依然能持续进步的根本。

其次，要带着目标去学习。要想提高学习的效果，就一定要带着目标去学习，尤其是在工作中，因为工作中的学习就是为了提升能力、解决问题、创造价值。所以，围绕着某个问题，以解决该问题为目标去查阅资料、分析信息、形成方案、采取行动，这样的学习方式是最能将知识转化成生产力的。在此基础上再去延伸学习面，掌握更多的相关知识，这样就能提升整体知识结构水平。

最后，养成读书习惯，做到学以致用。关于如何学以致用，我曾经写过一篇文章，在这里与读者分享。

"学以致用"四步曲——提升学习力的有效方法

我一直认为，读书和旅行是学习与成长的重要方法。尤其是读书，它应当像吃饭、睡觉一样重要，不可缺少。读书可以带领我们穿越时空的界限，回顾历史、展望未来；读书可以让我们借助作者的眼睛，了解世界、拓宽视野；读书可以丰富我们的内涵，腹有诗书气自华；读书还可以培养良好的亲子关系，言传身教、影响深远。

读书的好处和重要性大家都知道，而且很多人也在积极地养成读书习惯。

可是，在和很多伙伴交流的时候，大家普遍说到一个问题：我们想读书、喜欢读书，却不知道该如何读书，读完之后就忘了，对自己的工作和生活似乎没有太大的帮助。还有的人虽然看了很多书，脑子里也记住了，但就是"茶壶里煮饺子"，说不出来也用不出来，不能让读书成为进步的阶梯。

通过沟通和总结，我发现，要想让读书成为我们成长的阶梯，就必须能够学以致用，除了热爱读书，还应当掌握读书的方法。学习不是一件事情，而是一种能力。所以，我把我的读书方法总结成了"学以致用四步曲"。

第一步：读

选择有内涵的、经典的书籍，每天坚持读书一个小时。现在的图书种类繁多，选择有价值的好书也是一门技术活。我的选书标准有几点。

（1）文学类书籍：选择古今中外的经典名著和获奖作品，比如四大名著、茅盾文学奖作品、国学经典、诺贝尔文学奖作品等，也可以在网上搜索一些推荐的书目。

（2）经管类书籍：选择那些理论与实践相结合的教父级大咖写的书籍，比如菲利普·科特勒的《营销管理》、彼得·德鲁克的管理系列丛书等。

（3）亲子类书籍：选择在这个领域较专业的、阅历丰富的作者写的书。由于国外对幼儿的启蒙教育研究更系统、更重视，所以，可以阅读一些国外亲子教育类书籍中畅销的、再版多次的书，以及优秀绘本。但是，对于孩子的道德教育，我个人认为中国的传统文化还是更有优势的。因此，建议中西结合。

（4）其他类书籍：根据自己的爱好和兴趣，以及工作的需要去选择。可查阅该书的评价、销售量等信息，并且最好先大致浏览一下书中的内容，然后再做决定。

第二步：写

看完一本书或一篇文章后，要写读后感，用简短的文字和自己的语言概括书中的内容，或者画出思维导图，提炼其精髓。写完之后，最好还能找伙伴去交流分享自己的读后感，说一遍记忆会更深刻。这样可以让自己温故而知新，不但看了，而且看懂了。同时，还可以锻炼自己的逻辑思维能力、语言组织能力，一举多得。

第三步：思

我有一个阅读习惯，就是看到有触动的地方，就会暂时停下来，不会再往下读，而是先思考。我们看书，不是为了追求数量，而是为了从书中收获知识信息、心得感悟，对我们的眼界、生活和工作带来改变。所以，思考是必要的。

如何思考呢？我的方法是：把看的内容与自己的生活和工作相连接，然后联想、反思，我存在这个问题吗？需要改善吗？这个方法我可以用吗？如何用呢？由此我产生了哪些创新的想法？等等。激发自己的思考和灵感，然后把产生的想法、创意随手记下来，再抽一个完整的时间针对这些想法制订行动计划。如果当时就思如泉涌，我就会立刻写下来，避免遗忘。所以，我一般不看电子书，因为电子书不方便我写写画画、做笔记。

第四步：行

行，即行动。看了书，有了思考，有了想法，如果不去做，那么想法永远只能是停留在脑子里的一个念头，不会为我们带来实际的经验与收获。唯有把想法变成计划，把计划变成行动，用行动检验想法，才能真正让所学产生价值，把读书变成进步的阶梯。

读、写、思、行，坚持读好书，分享读后感，思考改进点，想好就去做。如此循环往复，不但能提升学习能力，提高成长速度，而且也会享受到读书的快乐。

十大增长思维分享到这里就结束了。最后我想说：这是一个强者的时代，以弱胜强只是小概率事件，大部分时候都是强者胜出。只有真正成为一个强者，才能够保持持续的增长。

第六章

营销人的自我修炼

优秀的营销人员,应当是优秀商业文明的创造者与传播者,他们有谋划胜利的智慧,有做人做事的原则,有解决问题的能力,有挑战困难的气魄,也有拥抱竞争的胸怀。这样的营销人,必将成为这个时代的骄子,大放异彩。

谋划胜利,开局就赢

商场如战场,虽不用刀剑相见,却处处都是不流血的牺牲。尤其在竞争激烈的现代商业社会,千军万马拼杀在各个行业,价格战、品牌战、物流战……最终能登顶的寥寥无几,大部分企业或悲壮或默默无闻地倒下,成了行业发展的垫脚石。

那些在商战中取胜的企业和营销团队,他们是如何赢得胜利的呢?《孙子兵法》中告诉了我们答案。

《孙子兵法·形篇》中讲道:"故善战者,立于不败之地,而不失敌之败也。是故胜兵先胜而后求战,败兵先战而后求胜。善用兵者,修道而保法,故能为胜败之政。兵法:一曰度,二曰量,三曰数,四曰称,五曰胜。地生度,度生量,量生数,数生称,称生胜。"

这段话的大致意思是,打胜仗的军队总是在具备了必胜的条件之后才交战,而打败仗的部队总是先交战,在战争中企图侥幸取胜。善于用兵的人,潜心研究制胜之道,修明政治,坚持制胜的法制,所以能主宰胜败。兵法:一是度,即估算土地的面积;二是量,即推算物资资源的容量;三是数,即统计兵源的数量;四是称,即比较双方的军事综合实力;五是胜,即得出胜负的判断。土地面积的大小决定物力、人力资源的容量,资源的容量决定可投入部队的数目,部队的数目决定双方兵力的强弱,双方兵力的强弱得出胜负的概率。

其实这段话就是告诉我们,在战争中取胜的一方,往往是提前做好了胜利的各种准备,在开战前胜算基本已定,只待时机一到便可一战而定。在营销中同样如此,提前谋划胜利,开局就赢,才是营销的上上策。

那么,应该提前谋划什么、准备什么?我认为有几点是营销胜利的必备条件。

1. 必胜的决心

以"成为第一"的目标为指引,以胜者的标准严格要求自己,不要一遇到困难和挑战就退缩，谋求胜利不是为了战胜他人，而是要超越自己。战略决心与高目标感是赢得胜利的先决条件，以此为指引，方能激发团队战斗力与创造力。关于实现目标，我有一个心得体会：每当我想要去实现一个具有高难度的目标时，其实一开始我并不知道该怎么去实现，只是心中有一种强烈的欲望和决心，想要去做。然而，想着想着思路就有了，然后我就去和团队伙伴商讨，接着大家就一起去做，做着做着目标就实现了。这个过程就是目标感与决心传递的过程。

2. 团队的士气

"上下同欲者胜"，让团队里的每一个成员都有赢的欲望和决心，而且目标一致，充满信心。关起门来，我们可以理性分析自己与对手之间的优劣势，但是在上战场的那一刻，不论竞争对手多么强大，我们都要拿出自己最好的状态，绝不能气馁。

3. 客户的信任

做营销就是要积累客户信任，越多的客户相信你、选择你的产品，你的业绩就会越好。即便是你遇到了危机，有竞争对手诋毁你，客户的信任也可以帮你渡过难关。所以，作为营销人，如果你还想在营销这条道路上走下去，那么，请千万珍惜和保护好这份信任，不管面对多大的诱惑，也不能破坏它。

4. 充足的资源

想取得多大的市场占有率和销售业绩，就要准备多少的人力、物力、财力。举全公司之力才能赢得全局的胜利，举局部之全力只能获得局部的胜利。不要妄想以少胜多、出奇制胜，更别想着空手套白狼。在前面的十大增长思维中，我分享了"大舍大得"思维，在营销中，只有大舍大得，小舍不会得，甚至反而会大失。如果你想提高营销效率、降低营销成本，只有两种途径：一是提高决策的正确率，确保在正确的事情上投入；二是提升组织能力，减少无用功，降低时间成本。

5. 组织的能力

为你想要达成的目标提前做好组织架构的设计和组织能力的储备，不是靠某一个人，而是靠整个系统，这样当机会来临的时候，你才能接得住。

以上五个方面都准备好了，那就耐心等待时机的到来吧。等待不等于不作为，而是潜心专注于自身优势的积累。不要总盯着对手，更不要总想着去打败别人，真正失败的企业和个人，都是因为自己丧失了竞争力，而不是因为对手的存在。永远不要打无准备之仗，一个在行业里扎根了十年、练就了一身本领、积累了一定人脉、对行业了如指掌的人在这个行业内创业，与一个刚毕业的大学生，仅凭一腔热血、盲打盲撞去创业相比，前者的成功概率要大得多。

"善战者无赫赫之功"，真正的营销高手看起来都很轻松，举重若轻，游刃有余，是因为他们提前谋划好了胜利，当危险来临时，他们比别人更有实力应对危险，当机会到来时，他们比别人更有能力抓住机遇。很多人都仰慕那些力挽狂澜、救企业于危难之中的人，殊不知，上医治未病，中医治欲病，下医治已病，经营的上上策是提前谋划，远离危机。

谋划胜利，开局就赢。不必战，早已赢！

营销人员的十条铁律

在我心里，营销不仅是一份职业，更是一种身份。优秀的营销人员身上，必然存在着一些共性，是值得被效仿和推崇的。我希望当别人听到"营销"二字时，脑子里浮现出来的是这些优秀的品质，而不是诸如"大忽悠""油嘴滑舌""金钱至上""精于算计"等印象。因此，我总结了营销人员的十条铁律，即五要五不要，期望这十条铁律能成为营销团队的纪律共识。

1. 要有信仰

要充分相信你的公司、你的产品，还有你自己，相信自己是可以为客户创造极大价值的，即使是遇到挫折，也要依然坚信。

千万不要向客户兜售一个你自己都心存疑虑的产品，这是非常危险的行为，因为你的眼神里、语气里都会不自觉地流露出那份怀疑和不坚定。你是真诚地给客户分享一个好东西，还是在想着如何从客户口袋里掏出钱，客户一定能感觉和分辨出来。如果你真的能够装得露不出半点蛛丝马迹，那么，我觉得你倒不如去角逐奥斯卡最佳主角奖，营销不适合你。

这里所说的相信你的公司、你的产品、你自己，并不是盲从，而是要找到相信的理由，并不断强化它。在开始销售产品之前，可以先通过自己的学习、分析和体验，找出相信的理由，还可以去问那些与你合作的客户，了解他们为什么选择和你合作、为什么选择你的产品，把这些理由记下来，不断地积累和强化。当你越来越喜欢你的产品、越来越喜欢自己的时候，你的客户也会越来越喜欢你。

当然，"良禽择佳木而栖，贤臣择明主而事"，如果你的公司和产品真的不值得相信，那么请另谋高就，不要违背自己的本心。

2. 要有信用

子曰："人而无信，不知其可也。大车无輗，小车无軏，其何以行之哉。"

意思是，一个人如果失去了信用或不讲信用，就不知道他该怎么立身处世了。就像大车没有车辕与轭相连接的木销子，小车没有车杠与横木相衔接的销钉，它靠什么行走呢？

可见，信用是人与人之间相处的基础，也是商品交易的前提。在和客户建立良好的信任关系之前，不要销售产品。如何建立信任？我认为，一个优秀的营销人员至少要做到以下三点。

（1）帮助他人：做营销不是零和博弈，不是你赚了，客户就赔了。所有的成交，都应当建立在帮助客户创造价值、满足客户需求的基础上。而且，帮助他人不能有功利心，不能说我这次帮了客户，客户就必须马上给我回报。得道者多助，失道者寡助，真诚助人，才能赢得信任。

（2）践行承诺：承诺不是用来说的，而是用来兑现的。破坏信任很容易，但建立信任却很难，只有坚持做到"言必行，行必果"，才能一点一点积累起客户对我们的信任。

（3）童叟无欺：有些人在卖东西的时候"看人下菜"，对待不同的客户，他给的价格不同，甚至商品的质量也不同。这种小人之行败坏了行业风气，致使很多人对销售人员存在误解，这种人不配"经营者"和"营销人"的称号。真正的经营者，会做到买卖公平、童叟无欺，对于弱势群体会有怜悯之心。

销售是为了建立长期的关系，而不是为了成交一笔生意；我们是要交一群朋友，而不仅仅是为了赚取提成。如果你能够坚持在一个市场持续不断地建立信任关系，去交朋友，那么我想，你的业绩和前途一定不会差。做营销，就好比在一片土地上种一棵树，要做好长久扎根的准备，以信任来浇灌，让它从小树苗长成参天大树，就可以在这里获取长期的财富。

3. 要有勇气

营销人员一定要有挑战未知、不畏拒绝、敢于成交的勇气，用成功孕育更大的成功。

营销人员在市场上会面临很多的困难和挑战，比如客户的拒绝、竞争对手的打压、公司的增长目标压力等。在面对困难和挑战的时候，勇气就是营销人的盔甲，哪怕你的内心是有恐惧的，这件盔甲也能让你看起来更强。这不是伪装，而是当你卸掉盔甲的那一刻，你就输了。客户可能会同情你，但是他们不会因为同情而买单，也许博取同情的方式一时有效，但没有人愿意与弱者共舞，也没有人会相信一个丧失勇气的人能帮助他人过上更好的生活。

所以，我的建议是：永远不要退缩，不要对自己说"我不行"！即便遇到再大的困难和挫折，也不要在客户面前抱怨，要保持积极乐观的心态，让客户感受到你身上的正能量，让自己像一个强者一样站起来！

4. 要有担当

失败常有，这并不可怕。可怕的是不能从失败中汲取经验和教训，不能取得进步，总是在重复过去的错误。更可怕的是，不但不总结经验教训，还把责任推卸给他人，仿佛这样就能让自己轻松一点。

作为营销人，要学会担当，而不是逃避和推卸责任。

首先，要担当起自己人生的责任。不管面对什么问题，我们都拥有选择的权利，至少可以选择采取什么样的态度来面对它。

比如，领导让你在一次员工会议上做公众演讲，或者是给客户做一次产品推荐演说，你没有这方面的经验，你感到害怕，担心自己做不好。这时候你有两种选择：第一种是选择放弃，把机会让给其他人；第二种是选择承担，并告诉自己："如果我提前做好充足的准备，并在上台之前进行20次以上的练习，我相信我就能够站在台上顺利地完成一次演讲。"第一种选择就是在逃避和推卸责任，也是在拒绝成长的机会，而第二种选择就是在找条件、找方法承担责任，自己也因此获得了成长和进步。

其次，要担当起客户对你的信任。当客户把钱交给你的那一刻，就意味着你要对这份信任负责。出现客户投诉的时候，切记不要找理由、不要跟客户争辩，更不要认为客户是故意找茬，那样只会激化矛盾，扩大负面影响。其实客户要的只是你能第一时间帮助他解决这个问题，避免损失，或者将损失降到最低。

最后,要担当起公司交付给你的这片市场的发展重任。千斤重担众人挑,人人头上有指标。公司整体绩效的增长,来源于每一片市场绩效的增长,公司把市场交给了我们,作为营销人,就有责任将这片市场做大做强。完成目标是营销人员的首要职责,不仅如此,我们还要想办法努力超越目标。

5. 要有积累

一天成不了营销大师,因为那是日积月累的结果。营销人员尤其需要耐住性子,不能急功近利,因为客户的信任需要积累,市场口碑需要积累,个人能力需要积累。可惜的是,我见过很多做营销的人,他们选择营销这个职业就是为了赚钱,而且是想赚快钱,恨不得今天搞个促销,明天就能赚得盆满钵满,这种想法是极端错误的。世上没有这样的行当,即使有,那也是一个危险行当,不可取。

一分耕耘,一分收获,春播夏长,秋收冬藏,这个自然法则到什么时候都适用。大道至简,越是简单,越是真理,但在现实中,越容易被人忽略和看不起。有些人为了彰显自己的聪明,不屑于遵守这些最简单和朴实的规律。

我们团队中有一个小姑娘叫小余,她大学毕业就加入了我们公司,虽然她学的不是相关专业,而且相貌平平、资质平平,不是那种很有想法、很有创造力的人。但是她非常相信公司、相信上级做的每一个决定,而且完全遵照执行。她做市场非常勤奋,早出晚归,经常晚上九点多还在客户家里推荐我们的技术方案。她加入公司的头三年,业绩都没有什么大的起色,个人收入也非常微薄,可是她坚持不放弃,依然扎扎实实做市场。其他区域经理主要抓的是经销商,可她却跟着经销商一家一家跑终端养殖户,开客户会议时,几乎每一位客户都认识她,她也能叫出每一位客户的名字。后来,公司推出了语音技术科普栏目"猪毛信",她便每天自己在微信群里朗读公司推送的技术内容。渐渐地,客户对她的称呼发生了变化,从"小余"变成了"小余老师"。功夫不负有心人,2020年,公司快速发展的同时,小余也厚积薄发,实现了市场翻两番的增长,这个不起眼的小姑娘，瞬间成了众多同事学习的榜样。

小余的故事让我感触很深。营销真的很难做吗？虽然看上去有那么多变化因素、那么多套路打法，可是，只要坚持最简单的自然法则，再平凡的人也能在这个岗位上创造出不平凡的成绩。

6. 不要弄虚作假

宁要真实的缺憾，也不要虚假的完美。销售产品可以扬长避短，但不可以夸大和虚假宣传，更不能假冒伪劣、以次充好，否则就是自掘坟墓。

7. 不要违反法纪

这一条不必多说，遵守国家法律法规是每一个公民的义务，遵守企业纪律制度是每一个员工的责任。除此之外，在市场销售过程中，还有一些没有明文规定但是却约定俗成的规矩，也是需要营销人员遵守的。良好的市场秩序需要大家共同去营造，遵守法纪，尊重他人，同时也是在保护自己。

8. 不要损害客户利益

客户的信任是企业发展的根本，我们所开展的一切营销工作，都是为了赢得客户的信任。而损害客户利益的行为，无疑是在破坏信任，最终也会伤害到自己和企业。

我相信，绝大多数的人都不会有意去损害客户利益，但是间接的损害行为却时常发生。比如，明知道这个产品存在质量问题，却因为害怕客户不买而隐瞒实情；看到某一个品牌的商品很受客户信赖，便抄袭模仿，以假乱真，客户花了同样的价钱，购买到的却不是正品；向未成年人销售不利于身心健康的产品，这些都属于损害客户利益的行为。不损害客户利益是营销人务必坚守的底线。

9. 不要追求暴利

营销是最能创造财富的职业，因此，营销人也是最敢于追求财富梦想的一群人。但君子爱财，取之有道，不要以利益作为第一驱动力，不要什么东西赚钱多就卖什么。我坚信，合理的利润才是经营的长久之道，脚踏实地地耕耘才是发家致富的正途。人可以爱财，但不能贪财，不贪财，就吃不了大亏。

10. 不要危害社会

地沟油事件、瘦肉精事件、三聚氰胺事件、抗生素滥用导致的肉食品药物残留超标事件，还有因过度开发而破坏生态环境的事件等，这样的事件屡屡发生，危害着社会大众的利益和安全。企业是社会的重要单元，而营销人又是企业开拓市场的先锋，我们所见到、所用过的每一款商品，都是经由营销人之手向社会输出的。因此，我把"不要危害社会"也当成营销人的一条铁律。

商业文明的进步代表着社会文明的水平，我们不仅要追求个人财富的增长，更要关注人与人之间、人与社会之间、人与自然之间的和谐相处。皮之不存，毛将焉附？易粪相食，最终导致的结果只能是害人害己。坚持做到危害社会的东西不卖、危害社会的事情不做，这样人类才会有更加幸福美好的未来。

也许是因为我自己从事营销管理工作，所以我对营销人员的素质格外看重。我认为，营销人必须是企业中综合能力和品德素养最高的一个群体，因为他们不仅决定着企业的销售业绩，还代表着企业的品牌形象，影响深远。管理得好，他们会是创造力最强的一群人；管理得不好，他们也可能是破坏力最大的一群人。

曾有人笑话和质疑过我的观点，他说："不就卖个东西吗？搞得这么高尚干什么？"我无心反驳，只说一句："你认为你的人格值多少钱，你自己就值多少钱。"

社会是个大染缸，努力守住初心，坚持正道吧，加油营销人！

精通"善借"与"务易"

"善借"与"务易",当我第一次在书上看到这两个词时,我与作者产生了强烈的共鸣。根据我过去十几年的营销管理经验,以及对其他优秀管理者的观察与分析,但凡成功的管理者,都具备"善借"与"务易"这两种本领,并且将其发挥得淋漓尽致。下面就谈谈我对这两个词的一点浅薄的理解。

善借,简单来说,就是善于学以致用。这里面包含两层含义,一是善于学,二是善于用。

怎么学?从哪学?有的人认为,只有坐在教室里接受专业的培训,或者有人手把手教才能学,其实不是。学习无处不在,优秀与卓越是自我学习的产物,而不是靠别人。

从自己的成长经历中可以学习,从别人的成功与失败中也可以学习;从中国传统的文化精髓中,可以学到做人做事、经营管理的思想;从国内外的优秀企业中,能学到有效的管理工具;从失败企业中,能学到失败的经验,汲取前车之鉴;逛商场的时候,可以学习商场里的促销方式;在餐厅吃饭时,通过体验他们的服务,可以学习如何提高自身服务水平;看电视里的广告,感受那些经典广告语的魅力,可以学习如何宣传我们的理念、如何设计我们自己的产品广告片;看《亮剑》《我是特种兵》等电视剧,可以学习如何锻造团队;从大自然中也能学习如何尊重规律,创造美好……

我们自己所经历的,或者别人经历的;我们身边的,或者离我们很遥远的;过去发生的,或者现在发生的,都可以学习,关键是要用心去发现、去思考。

学了还要会用,否则犹如过眼云烟,在大脑里不能形成智慧的沉淀。用的时候要讲究方法和实效,不能盲目效仿,否则就成了邯郸学步。这里我总结了一条学以致用的思路:在将经验拿来时,先要深入了解、消化体验,然后结合自己的实际情况调整创新、演绎推理,形成可行的方法,再根据实践结果进行改进,最终变成自己的东西。

接下来谈谈务易。务易就是要简单易行。

真正的高手,是能把复杂的事情简单化,并形成可以复制和执行的方法。我参加过很多培训,见过一些专家,他们的目的不是让大家听明白,而是把大家搞糊涂,以此来显示他们的专业度和权威性。我认为,那不是高手,至少不是一位优秀的老师。知识只有易于传播时,才能给社会创造更多的物质财富和精神财富,若知识变成了搅和人头脑的工具,那文明早就退化了。

要把一件简单明了的事情说得深奥难懂很容易,但是要把一件深奥复杂的事情说得简单明了,就没那么容易了。优秀的管理者首先应当是一个首席解释官,他能够把复杂的东西经过周全的思考、推敲、演绎,然后转化成大家都可以理解、接受并去执行的方法和方案。

麦肯锡公司的员工守则是:"要有效地推销你的解决方案,那就是能在30秒内清晰准确地向你的目标对象解释清楚,如果你做不到这一点,那么重新将工作理解清楚再去推销你的解决方案。"

结合麦肯锡公司的这条员工守则,我们思考一下:一个好的营销方案应当符合哪些标准?这里我总结了八个标准,分两个层面,第一个是设计层面。

1. 战略价值

对公司短期和中长期的目标具有一定的价值,能够极大地助力目标的实现。

2. 目标明确

目标具体、明确、聚焦,确保结果清晰可检验。

3. 切实可行

活动方案要符合市场实际情况,不能闭门造车、纸上谈兵。不同的市场所处的发展阶段不一样,具体情况也不一样,因此要因地制宜,在目标一致的前提下，操作方案可以相应调整，避免一刀切的现象发生。

4. 简单易懂

方案的设计思路和要点要简单易懂，让执行的人一目了然，不能模棱两可、存在歧义。否则，不同的人理解起来偏差太大，最后执行的结果也会五花八门。

第二个是执行层面。

1. 顺应民心

顺势而为、借势而行，民心所向就能一呼百应，最大限度地调动团队的力量。真正优秀的营销活动方案，执行起来一定是不费力气的，如果你发现某个方案推行起来阻力很大，那么一定要反思一下，是不是违背了民意。

2. 简单易行

不仅方案设计要简单易懂，执行时的操作步骤也要简单易行，不仅高手能做好，普通人一样能做好。

3. 提前造势

一个好的营销方案，通常能够给参与者惊喜，让其有超出预期的感受。但是，惊喜不等于惊吓，没有经过预热的营销活动就是一种惊吓，仿佛一个不速之客，来得突然，去得尴尬。所以，活动前的铺垫和造势是必要的，要让客户有所期待、有所准备，然后再闪亮登场。

4. 关键把控

执行方案的过程中，具体细节不必干涉太多，否则会束缚执行人员的手脚。但是为了确保活动目标的达成，对于过程中的关键点要及时把控，以免跑偏。因此，在活动开始前，要设定好阶段性的关键检查指标，以便把控关键点。

营销活动是市场运作的杠杆，支点找得准，杠杆用得好，才能成功撬动市场，获得高绩效。而营销管理人员在使用这个杠杆的时候最应当考虑的，是如何让公司花出去的每一分钱的效益最大化。企业老板不怕花钱，怕的是花的钱打了水漂。因此，以上八个标准，希望读者们在每次策划和执行营销活动时能思考运用。

成为解决问题的高手

请思考一个问题:"工作中的问题意味着什么?"

我有一个武断的答案:"你认为它是什么,它就是什么。"

你把问题当麻烦,它就会成为你的麻烦;你把问题当机会,它就会成为你的机会。这不是唯心论,而是一个已经被反复验证的事实。

因为有一个普遍的社会问题需要解决,所以诞生了企业;因为企业的运营和发展需要解决很多问题,所以招聘了员工。在工作中,我们每一个人都是为解决问题而存在的。

然而,我们也经常看到这样的情况:当遇到同样的问题时,有的企业垮了,有的企业却活得更好了;当遇到同样的问题时,有的员工离开了,有的员工却得到提升了。因此,对待问题的态度和解决问题的能力,决定了一个企业、一个人事业发展的高度。

"解决问题的能力"的定义

什么是解决问题的能力呢?我给它做了一个定义:**在合适的时间、合适的地点,提出两种或多种既考虑自己的需要,也兼顾他人需要的解决办法,同时能对这些办法进行评估,在权衡结果之后采取行动,并愿意为自己的行动承担责任的一种能力。**

这个定义里包含以下几个意思。

(1)要能在合适的时间、合适的地点提出解决问题的办法。有些时候,不是方法本身没有用,而是用在了不恰当的时间和地点,所以不能达到解决问题的目的。

(2)要能针对同一个问题提出至少两种解决办法。换句话说,就是要学会做两手准备,针对同一个问题至少要准备两套方案,以便于比较、分析,也便于应对突发状况,有备无患。

（3）提出的解决办法既要考虑自己的需要，也要兼顾他人的需要，能够实现双赢，产生最大价值。

（4）不仅要能够提出解决办法，还要有能力对办法进行利弊分析，最终做出决定并采取行动。"解决问题"不是一个名词，而是一个动词，做才会有结果。

（5）最后，要有为自己的行动承担后果的担当，而不是一时冲动和莽撞。

综上所述，一个对于解决问题的时机有敏锐的观察力、能换位思考兼顾多方利益、能提出多种可供选择的方案，并具有决策力和行动力，且愿意为自己的行为负责任的人，当然是智商与情商双一流的解决问题高手。这就是我们在培养自己解决问题的能力时要努力的方向。

解决问题的 5D 模型

对于"解决问题的能力"的定义有了清晰准确的认识之后，再来看看具体到某一个问题时，该如何去解决。这里总结了一套解决问题的 5D 模型，即 Distinguish（分辨）、Design（设计）、Decide（决策）、Do（行动）、Develop（发展）。

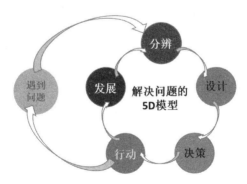

1. Distinguish（分辨）

在思考解决问题的办法之前，要先对信息进行分辨，区分现象与原因，分辨真问题与假问题，找到根本原因，才能对症下药。

有一次，我们行政部的同事来找我，说："谢总，我遇到一个问题，有些伙伴对开晨会不太配合，他们反映晨会开得有些流于形式，没有什么作用，还浪费大家的时间，所以我建议取消晨会，您看可以吗？"

我当时有些纳闷，晨会是一天工作的开始，在晨会上花十分钟时间，彼此鼓鼓劲、提提神、明确今日目标、互相了解一下今天各部门的要事，是一种被普遍应用且行之有效的沟通方式，怎么会没有作用呢？

于是我问这位同事："我相信你说的这个现象确实存在，大家感觉到现在的晨会没有起到应有的作用和效果，所以想取消晨会。但是在做这个决定之前，我想请你思考一下，大家觉得开晨会没有作用，是一种现象，还是他们不配合的真正原因？"

这位同事回答说："是现象吧。"

我接着问："那真正原因是什么？很多企业的晨会质量非常高，为什么我们的晨会却让员工感觉没有作用呢？这之间的区别在哪里？"

他回答："应该是我们开晨会的方式存在问题，没有开出效果。"

我又问："那么，你现在需要解决的真正问题，是要不要继续开晨会，还是怎么把晨会开出水平、开出效果？"

他答道："谢总，我明白了，我应该考虑的是怎么把晨会开出水准，让大家在晨会上能拥有一天的好心情和动力，提高工作效率。"

我欣赏地点点头，补充了一句："以后遇到问题，不要直接否定。先想想这件事情本身的意义是什么，值不值得去做，如果值得做，那就坚持。对于值得做的事情，你要考虑的不是要不要做的问题，而是怎么把它做好的问题。"

类似的例子在工作中比比皆是，很多人一遇到问题和阻碍，就容易放弃原目标或降低目标，以回避困难，这种做法会大大地削减工作成效，十分不可取。建议大家在遇到问题时，先冷静地思考，找到问题的真正原因，再来着手解决。这是解决问题的第一步，也是最重要的一步。

2. Design（设计）

找到原因后，针对原因设计出两个以上的解决方案，以及所需要的资源。请记住：在解决问题时，目标不要轻易改变，方法可以根据需要调整。凡是你能想到的方法和所需的条件，都先列出来，不要评价，尽管写下来。要成为解决问题的高手，不是只能凭一己之力，而是可以整合资源，借用和调动他人的力量。

3. Decide（决策）

把所有能想到的解决方案都列出来以后，为每个方案找到三个支持的理由，即为什么要这样做或这样做的好处有哪些、每个方案需要付出的代价，以及每个方案可能产生的结果。以此来确定每个方案的优先级，然后选出一个最优方案，采取行动。

我把这个过程做成了一张表格（表6-1），供大家参考使用。

表6-1 决策分析工具

方案	支持理由	成本代价	预期结果	优先级
方案1				
方案2				
方案3				

注：每个方案的支持理由写出3条。

4. Do（行动）

实践是检验真理的唯一标准。经过了前面三步之后，我相信，对于解决这个问题，你心里已经有了八九分的把握。接下来要做的，就是用行动去检验方案的有效性。

不要害怕犯错误，犯错误是成长的必经之路，只有不做事的人才不会犯错误，所以，犯错误也是你成长的荣誉勋章。更何况，在行动前已经经过了上述理性地分析和慎重地考虑，你已经将犯错误的概率降到了最低。

如果在行动中又遇到了问题，那么，不要轻易放弃目标，一定要再回到第一步，对信息进行分辨和分析，明确问题，找到真正的原因，然后再来解决。

5. Develop（发展）

如果通过行动的检验，证明这个解决办法是有效的，那么就进入第五步，把个人解决该问题的方法发展成可供学习和复制的组织能力。也就是把你使用的这套解决办法整理成文字，将其流程化、标准化，并且制定出预防此类问题再次出现的方案，尽可能地做到同样的错误不再犯，这就是个人和组织能力进化的过程。

面对和处理问题的十六字方针与六不原则

很多时候，我们遇到问题时，不是不会解决问题，而是很容易被感性的因素占据上风，受情绪控制而忽略问题的本质，从而影响自己的判断，导致问题得不到有效解决，甚至使负面因素扩大，造成严重后果。

在此，我总结出了有效解决问题的十六字方针和六不原则，具体内容为：**客观冷静、了解情况、查明原因、立即处理；不隐瞒、不回避、不情绪、不评价、不夸大、不猜测**。下面分别进行阐述。

十六字方针：客观冷静、了解情况、查明原因、立即处理。

1. 客观冷静

这是工作中处理一切问题的前提和基本态度。客观，即要以事实为依据，客观陈述，不凭主观感觉和猜测，更不要片面思考。冷静，即先处理心情，再处理事情，不要冲动行事、感情用事。

我们常常会遇到这种情况，当接到某些客户的投诉电话，尤其是在自己很忙或者原本心情就不太好的时候，很容易失去理智，掉进苦恼、愤怒的泥沼里，于是还没有弄清楚事实原委，便气冲冲地打电话给相关工作人员质问一番，甚至将对方怒斥一顿。这样做，除了将自己的负面情绪转移之外，对于解决问题没有任何帮助。当遇到这种情况时，不如先让自己冷静下来，在相互理解的基础上帮助客户也冷静下来，然后再来客观地谈论事情和问题。

2. 了解情况

有了客观冷静作为前提，接下来了解情况的环节就会容易很多，得到的信息也会更真实、更客观、更具体，这对于解决问题是非常必要，也是非常有帮助的。

了解情况，就要做到全面具体，而且要区分"观点"与"事实"。比如，这个问题的表现是什么；在什么情况下发生的；是个别情况还是普遍现象；是在某个特定时期或特定环境下才出现，还是长期如此；在这个过程中有哪些特殊因素存在；这是客观事实，还是表达者的一种观点；等等。了解的情况越客观具体，越有利于查明原因，做到有的放矢，从而减少盲目的、无效的工作。

3. 查明原因

了解清楚了具体情况，就要冷静、理性地来分析造成问题的原因，然后采取推理法或排除法，找出根本原因所在。这里的查明原因是以事实为依据的，切忌无依据的猜测和判断。

4. 立即处理

以上所做的一切工作，都不是为了推脱责任或者拖延问题的处理，而是为了能更有效地解决问题。所以，了解情况也好，查明原因也好，都要用积极的态度对待，迅速做出行动。在查明原因之前，能做出的补救措施要立即实施，查明原因之后再做出完整的解决方案和预防措施，杜绝此类事情再次发生，防患于未然。

六不原则：不隐瞒、不回避、不情绪、不评价、不夸大、不猜测。

1. 不隐瞒

出现了问题，不要冲动行事，也不能隐瞒不报。不隐瞒，是指对于影响较大的，或者在自己职权范围内无法处理的，又或者自己已经处理但对于团队和企业改进有促进作用的问题和事情，要及时沟通、报告，与团队成员共同面对与解决。

2. 不回避

人往往喜欢听赞美，而不喜欢听问题，但是在工作中，问题是时时刻刻都存在的，所以，我们要有一颗坦然而自信的心，不回避对问题的探讨。有时候还要主动去发现我们自身存在的问题，少一些对别人的苛责，多一些对自己的反省，这样才能不断提高，持续改进。

3. 不情绪

不情绪是指要理性面对问题，而理性的人的思考方式是："我知道我对此感到沮丧、懊恼、伤心，但这只是我的感受，不是事情本身，我需要冷静下来，然后弄清楚事实是什么，应该怎么解决。"这与之前说的"客观冷静"是一致的，遇到问题时要学会将事情本身与自我的感觉区分开来。感性的人很容易将两者混淆，把自己的感觉当成事实，这就是情绪化的表现。

4. 不评价

只要是人，只要是由人组成的团队或企业，都会犯错，都会存在一些问题。人和人之间对同一件事情的看法也或多或少存在分歧，这些都是必然的，我们要认识到这一点。我们应当学会就事论事，而不是因为某个问题的存在或者某些分歧的发生，而给对方下定义、做评价。

例如，他在这件事上和我有不同的观点，不代表他对我这个人有看法；他在这件事上处理不当，不代表他这个人不好；公司在某些事情上管理不到位，不能说公司就要垮了；等等。这样的例子有很多，其实我们要做的很简单，就是面对问题、解决问题。评价不但不利于问题的解决，反而会制造矛盾、阻碍沟通、破坏团结、伤害感情。

5. 不夸大

很多人在强调自己的观点或者希望自己的问题被重视时，往往习惯夸大其词。比如，某一个或某几个人反映了某个问题，便说所有人都反映了某个问题。这种情况我遇到过很多，这是一个人的逻辑习惯，把部分等同于全部，这是不合适的。尤其是那些在团队中有一定分量的意见领袖，如果出现这种错误，在团队中造成的负面影响和心理恐慌要远远大过事情本身。所以，对这一原则我们不得不引起重视。对于那些故意夸大其词、制造恐慌者，我们还要进行严肃处理。

6. 不猜测

不猜测，即要做到以事实为依据，以信任为基础，有疑虑可以交流，但不要疑神疑鬼、怀疑揣测，更不能将自己的猜测当成事实到处宣扬，这是极其不负责任的行为，必须坚决杜绝。

总结一下，解决问题的十六字方针与六不原则，实际上就是要求我们遇事要冷静、坦诚、积极、理性。要清楚我们提出问题的目的是什么，绝不是制造更多问题和矛盾，而是要将问题转化为我们进步的阶梯，让我们的团队和企业变得越来越好。只有这样，我们才能更轻松、更高效地解决问题，也只有这样，我们的团队在每一次解决问题的过程中才能逐渐建立起信任、感情，从而形成团结、向上、有凝聚力和战斗力的队伍。

理解"解决问题的能力"的定义，运用好解决问题的 5D 模型，在面对和处理问题时遵守十六字方针与六不原则。愿我们都能成为解决问题的高手，愿我们的团队都能彼此信任、共渡难关！

反脆弱能力的八字箴言

纳西姆·塔勒布的《反脆弱》一书上市以来,"反脆弱"这个词频繁进入人们的视线,被企业管理者研究和引用。关于什么是反脆弱、为什么要反脆弱、提升反脆弱能力的方法等内容,在这里我不多说,该书中已有详细论证,感兴趣的读者可以去阅读此书。

在本书中,我想分享一下我对反脆弱能力的一点见解,就八个字——**快速恢复,从中获益**。

人类正在迈入一个全新的未来,我们的生活中处处充满了变化和不确定性,曾经被我们奉为圭臬的一些规则、定律,如今都被颠覆、被瓦解。拒绝变化、担心不确定性会带来的损失,无益于我们走向未来。具备反脆弱能力的人,在遇到负面事件和挑战时,不仅能让自己快速复原,还能让事物变得更好,这符合适者生存、与时俱进的自然法则。真正的强者喜欢变化,并有能力在变化中成长、获益。

我在写本书的这段时间里,美国政府正在对中国进行一系列的经济制裁,限制美国芯片巨头高通公司向华为出售芯片。2020年8月5日,美国国务卿蓬佩奥宣布了美国"净网计划",此计划有五个要点,条条针对中国的科技企业。

(1)取消中国通信公司在美国的营业执照。

(2)美国的(苹果和安卓)应用商店下架中国App。

(3)禁止中国手机预装美国App。

(4)禁止中国公司提供云服务。

(5)禁止中国公司竞标海底电缆。

2020年8月6日,时任美国总统特朗普签署两项行政命令,宣布将在45天后,禁止任何美国个人及企业与TikTok母公司字节跳动进行任何交易,禁止美国个人及企业与腾讯公司进行与微信有关的任何交易。

尼采有句名言:"杀不死我的,只会让我更强大"。

在这样的制裁下,中国企业加快了自主研发的进程,中国民众的爱国之情也被唤醒,更加支持民族品牌。我坚信,这些企业不但不会倒下,反而会在这样的磨砺中变得更加强大。

在华为技术有限公司副董事长孟晚舟女士被加拿大扣押的数月里,我们从新闻里看到的她,脸上总是挂着淡淡的笑,依然处变不惊。中国外交官们在面对记者的刁难提问时,其回答总是那么冷静、犀利。真正强大的人,能用自己的情绪去感染他人,而不会被情绪所控制。因此,在面对危机事件时,"快速恢复"是一种勇气,"从中获益"是一种能力,这就是反脆弱。

快速恢复

当遇到危机时,大部分人都会经历这样的心理历程:不敢相信(怎么会这样?这不是真的)—拒绝(我不要,别来找我)—愤怒(为什么是我?这不公平)—难过担心(我该怎么办?我太倒霉了)—接受(事已至此,接受现实)—采取行动(分析问题,寻求解决办法,积极应对)。当然,也有少部分人在接受现实之后,并不是积极应对,而是自暴自弃,破罐子破摔,这不是我所主张的行动。

这个心理历程基本上每个人都会有,区别只在于:有一些人情绪期比较短,很快就能度过"不敢相信、拒绝、愤怒、难过担心"的阶段,并能快速调整和恢复,接受现实,理性面对;而有一些人的情绪期却很长,甚至多年都走不出心中的阴影。情绪期很长、不能快速恢复的人,对自己的伤害是非常大的,而且还会导致负面效应的扩大和加剧。

心理学上有一个著名的"踢猫效应",描绘的就是一种典型的坏情绪的传递所导致的恶性循环:一位父亲在公司受到了老板的批评,回到家就把正在沙发上跳来跳去的孩子臭骂了一顿;孩子心里窝火,狠狠去踹身边打滚的猫;猫逃到街上,正好一辆卡车开过来,司机赶紧避让,却把路边的人撞伤了。

具有反脆弱能力的人,首先要能做到让自己"快速恢复",将自己调整到最佳状态，才能更好地应对危机、解决问题。那么，如何去调整自己呢？我有一个心诀分享给大家。

当你遇到危机事件时，找一个可信的人（也可以是自己），对他说出你心里的感受，比如生气、害怕、难过等，把情绪表达出来。然后对自己说："我知道你此刻很生气、很害怕、很难过，但是事情本身已经很糟糕了，我不能让它在我心里继续造成伤害，不能让损失扩大，否则事情会变得更糟。从现在起，它对我心理上的负面影响到此为止。"大家不妨试试这个方式，我个人觉得还挺有效的。

我所在的行业，曾经也出现过一次重大危机。那几个月，我们的营销管理团队士气低落，开会讨论时都在谈论这些不利因素对我们造成的影响，甚至还有一种担忧的声音，觉得我们的事业是否就要走到尽头了。

我理解大家的心情，也知道这个情绪的发泄是正常的，包括我自己，也同样有着害怕和担忧，那段时间还经常失眠。几个月以后，在一次销售例会上，我对我的团队伙伴说："我希望从今天起，这个事件在我们心里的负面影响画上一个句号，然后我们一起去寻找亮点，找到我们可以有所作为的地方，实现突破。"

从那以后，我们在营销管理团队的例会上，就很少再谈论那些毫无价值的负面信息，而是把注意力放在能产生价值的事情上，成功渡过了难关，并取得了业绩的快速增长。

幸福在转角，很多时候，换种思路就会换种局面。

从中获益

法国启蒙思想家伏尔泰说："人生布满了荆棘，我们唯一的办法就是从那些荆棘上面迅速踏过。"

人的一生就是不断地在犯错中成长、从失败和跌倒中重新站起来的过程。

世界上根本没有所谓的失败，只有暂时的不成功，不到盖棺定论的那一刻，谁也不能对你的成败下定义。但是请记住：摔倒了就站起来，同时要抓一把沙子在手里，这样的跌倒才有意义。抓一把沙子在手里，就是让自己"从中获益"。

为什么同一所大学、同一个班毕业的学生，进入社会十年后，他们所取得的成就千差万别？混得好的同学，真的只是运气好吗？混得不好的同学，真的是因为他倒霉吗？当然不是。虽然他们是同样的起点，同样的十年工作经历，但是他们的积累是不同的。有些人虽然工作了十年，但他只不过是把第一年的工作方法和能力重复了十年而已。但有些人却能在每一次的工作经历中思考、总结，将经历转化成经验，变成自己成长的阶梯。这就是区别！

任何事物都有两面性，危机的一面是危险，另一面则是机会。如果你愿意相信，就能看到这个机会；如果你愿意行动，就能抓住这个机会。一个具有反脆弱能力的人，也会拥有将坏事变成好事的智慧。

泰坦尼克号沉船事件带来了整个造船业的反思，因此避免了更多类似事故的发生，挽救了无数生命。大自然的进化过程也是如此，不同层级的进退，都会对整个生态系统产生或深或浅的影响。

当你在工作中遇到问题时，除了解决此问题，你会不会在解决之后对整件事情进行复盘，分析原因、总结方法，并制定出预防方案、对工作进行改进，防止今后再发生类似问题呢？每次遇到问题、解决问题之后，都问问自己：在这件事中，我得到了哪些启发和收获？今后我可以怎样做得更好？这就是反脆弱的过程。

2020年，新型冠状病毒肺炎在中国蔓延，一时间，全国的大中小企业都受到了不同程度的冲击。很多企业在2019年年底的总结大会上还摩拳擦掌，准备来年大干一场，没想到年后面临的竟然是长达几个月的停工。有些企业没能扛住这突如其来的压力，不得不裁员，甚至是破产倒闭。

我们企业在得知消息后，在除夕那天果断做出决定，迅速调整年后的营销计划。除夕那天我在老家，没有带电脑，于是手写了一封致营销伙伴的信，表达了公司对此次疫情的重视，以及年后营销大会的安排。同时，我们把营销工作的场所从线下全部转到了线上。

在 2020 年上半年停工期间，我们借助新媒体平台，不但没有让营销工作停滞，反而大大提高了营销效率，降低了成本；为了凝聚人心，减少不能相聚而产生的疏离感，我录制了大量的小视频，传递公司的文化理念和我们今年的营销方针，引导着团队朝同一个目标前进；由于疫情期间物流受限，我们找专车发货，反而提高了物流服务质量。2020 年上半年与上一年同期相比，销量翻了一番。更值得高兴的是，团队的能力得到了提高，我们又掌握了一套适合自己的新媒体营销方法。

经历了这次的危机事件之后，我们的团队更懂得了反脆弱能力的重要性，变得更加沉着、冷静，也深刻理解了"快速恢复，从中获益"的意义。

生活中永远充满着能给我们带来进步的机会和挑战，无论它是好是坏，我们都要努力做到快速恢复，从中获益。这是我们应对危机和不确定性的法宝，只要坚守了这条准则，就无惧未来。

愿你及你的团队拥有反脆弱的能力，越挫越勇，越战越强。

狼来了,你的房子建好了吗?

我们正处于一个极度竞争的时代,不仅是商业中存在激烈的竞争,就连孩子们在学校学习、考试,竞争也是非常残酷。竞争无处不在,我们无法拒绝,只能迎战。

但凡有前途且有钱途的行业,竞争都很激烈,其程度不亚于一群"饿狼"盯着同一块羊肉,如若不为自己构筑一道坚固的竞争壁垒,则必然会在这样的竞争中伤亡惨重。因此,在"群狼"过来之前,我们要给自己盖一座坚固而宽敞的"房子",以抵御外部的攻击,让自己静享美餐。

一座具有防御性和成长性的"房子",能够让你在激烈而残酷的竞争中保持相对安全,为自己赢得成长壮大的时间与空间。它应当具备以下特征。

(1)地基要深厚、稳重。

(2)屋顶要高大、牢固。

(3)墙壁要坚硬、结实。

(4)门脸要美观、端正。

不管是针对什么行业、什么企业,这座代表着竞争壁垒的"房子"都无外乎这四个要素:地基、屋顶、墙壁和门脸。但是,不同的行业和企业,这四个要素所指的具体内容是不一样的。我结合我所从事的行业画了一座"房子"供大家参考,如下图所示。

屋顶:行业标准、品牌定位决定高度

前后墙:人品信誉 专业水平

左右墙:营销方法 超级用户

地基:技术实力、产品品质决定深度

1. 地基

"房子"的地基应该是什么？我认为是企业的技术实力和产品品质，这是企业核心竞争力的基础，决定了"房子"的承重量。技术实力强、产品品质好，才能做大做强。如果你选择的企业拥有这样的优势，那么，这家企业就会赋予你同样的优势。技术实力和产品品质决定了"房子"的深度。地基打得不深、扎得不稳，"房子"就会摇摇欲坠。

2. 屋顶

企业在行业内所确立的标准，以及对自身的品牌定位，是这座房子的"屋顶"，决定了"房子"的高度，也决定了你在这里的发展空间的大小。如果你所在的企业能在某一个专业的细分领域做到领先，并开创这一领域的行业标准，且对自身的发展有高目标、高追求，立志成为该领域的第一品牌，那么恭喜你，你也因此而有机会飞得更高、走得更远。但是，如果你所在的企业只是想卖点东西赚点钱，企业老板小富即安、胸无大志，那么，你也只能是在桌子底下放风筝了，出手就很低，自然飞不高。

地基和屋顶这两项是由企业来确立的，个人决定不了，但是可以选择与一家优秀的企业合作。也可以在加入该企业后，和企业老板一起去设计和规划企业愿景，并贡献自己的力量，和企业共同成长，一起实现梦想。

企业为我们搭建好了地基和屋顶，那么，四面墙就要靠我们自己去建了。能不能脚立地、头顶天，把这座"房子"撑起来，需要我们自己去努力。

3. 墙壁

"房子"的墙壁有四面，分别是前后墙和左右墙。前面的那面墙是"房子"的门脸，后面再解释。后墙代表着个人的专业水平，左右墙分别代表个人的营销方法和所拥有的超级用户。

"房子"的后墙是专业水平。我认为，成为技术型的营销人才，是所有营销人员的必由之路。我所指的技术型，并不是让营销人员去搞技术和产品研究，而是要他们熟悉并掌握自己所从事的行业、所销售的产品的相关专业知识，这样才能赢得客户的信任。否则，客户了解的信息比你还多，比你更专业，又为何要与你合作呢？

想一想：为什么去医院看病的时候，医生开什么方子我们就用什么，从不讨价还价？因为医生专业。为什么我们都愿意听老师的话？因为老师知识丰富，在我们心里具有权威性。

客户的消费观念越来越理性，营销人员靠传统的客情手段已经不能满足客户对于价值创造的需要。因此，要摒弃依赖关系营销的思维，努力提升自己的专业水平，这才是事业强有力的"靠山"。

"房子"的左墙是营销方法。好产品也要会营销，没有营销方法或者方法不得当，同样不能产生优秀的业绩。这一点大家可以参考本书所讲的营销力构建思维与步骤，找到一套适合自己的营销方法，并坚持做到极致。

"房子"的右墙是超级用户。用户的支持是业绩增长的重要支撑，而超级用户则是在你遇到危险或对手诋毁时，能够帮你走出困境的人，他们不仅购买你的产品，还会为你宣传、为你辩护。因此，不能只把他们当作客户对待，你们之间也不能只有商业上的往来。

我有一位做营销的朋友，他特别勤奋，也特别爱钻研，专业水平很高，人也很实在。他与客户的关系非常好，客户家里有什么事情，他都乐于帮忙。有一次，一个竞争对手对他的客户说："安经理不行。"结果这位客户直接反驳对方说："你别这样说人家老安，他挺好的。"翻一翻你的客户名单，有没有这样力挺你的客户呢？

4. 门脸

我把人品信誉作为"房子"的前墙，也就是门脸。显而易见，其含义就是：

我们要凭借自己过硬的人品和信誉来赢得客户的尊重，为自己挣得颜面。真正的丢脸不是暂时的业绩差，而是品行上的污点，丧失原则与底线。如果你是在真诚地向客户推荐好东西，真心地在帮助客户，那么，你的脸上会自然流露出一份自信、一份豁达、一份勇气，你种下的善因也终会结出善果。

拥抱竞争，拒绝"裸奔"。趁早为自己盖一座这样的"房子"吧，然后在这座房子里从容、健康地成长！

守住心中的一片净土

险恶的竞争环境、复杂的人际关系、逐年增加的销售目标，以及因频繁地出差、应酬而忽略对家人的陪伴，导致身体疲惫、心力交瘁，这是大多数营销人生存境况的写照。

我是一个崇尚简单的人，追求坦诚、真实的人际关系，我希望我自己以及我的团队伙伴，都能守住心中的一片净土，做"诚朴勇毅，团结向上，善于学习，乐于分享"的营销人。这十六个字看上去很平实简单，要做到却不容易，我对它们分别作了注解。

1. 诚朴：诚实守信，一诺千金，淳朴简单，表里如一

营销人所拥有的最重要的资产不是金钱，而是信用。有信走遍天下，无信寸步难行！ 所以，任何会伤害到诚信的事情，都坚决不能做，这是所有营销人应该有的共识。曾经有客户对我说："你们的宣传太保守了，有些公司的产品只有三分品质都能吹出七分功效来，你们有九分的效果却只说六分。"这种做法对于做营销的人来说，看起来似乎有点傻，但我却觉得这是最大的智慧，因为我宁愿给客户惊喜，也不想让客户失望。

我们要做的是长久的事业，而不是一锤子买卖，表面上看，营销人是在经营产品，实际上我们是在经营自己的信用。我在招聘团队成员的时候，更倾向于招纳许三多似的人——朴实、单纯，行胜于言，不夸夸其谈。

2. 勇毅：勇敢坚毅，刚正不阿，直面挑战，从中获益

勇毅是什么？勇毅并不是无知者无畏，也不仅仅是做别人不敢做之事。

勇毅应当是心中有正气，当为时，即使明知有千难万险也敢于挑战；不当为时，即使面前有万般诱惑也果断拒绝。

勇毅应当是心中有信仰，坚持走在正道上，坚定目标、初心不改、使命必达。

勇毅不只是有屡败屡战的执着，还应当有在困难中成长、将坏事变好事的智慧。

这，是我所理解的勇毅。

3. 团结：坦诚沟通，彼此信任，不做内耗，一致对外

"君子和而不同，小人同而不和"，我认为这是对团结最好的诠释。

真正的团结，不是一团和气、相互吹捧，讨论问题时你好我好大家好，分开行动时却各怀异见、彼此猜疑。因为在一个团队里，最大的成本就是沟通成本，以及由于沟通不畅而造成的时间上的浪费。尤其是做营销，时机非常重要，如果错过时机，所产生的时间成本是巨大的，甚至是无法弥补的。这就要求我们在商讨营销方案时要做到无障碍沟通，坦诚交流；在执行营销方案时要做到彼此信任，相互支持。商场如战场，如果团队成员之间连最起码的坦诚和信任都没有，又怎么可能赢得战争？

在一支营销团队里，最优质的组合应当是老、中、轻的结合体，而且，在知识结构上最好具有差异性。这样的团队组合，稳重又不失活力，思维多元而不刻板。我的团队就是这样一种组合，而且我们尊重和保护每一个人的个性与优势，也鼓励每一位伙伴独立思考，在讨论问题或者方案时，每个人都能畅所欲言，为了确保最终的好结果而献计献策，一旦形成共识，则坚决执行。

这样做，既能减少心力的消耗，也能提高工作效率。原本忙碌的工作就已经够操心了，为何不让关系变得清爽、简单些呢？

4. 向上：自信自立，承担责任，乐观豁达，自觉自律

如果说"团结"是对于成员与成员之间的关系而言的，那么"向上"则说的是自己与自己的关系。

真正积极向上的人，不是脸上带微笑，嘴上喊口号，而是眼里有活、内心

有光,不自卑、不自负,能看到自己的优点,也知道自己的不足,能主动、独立地承担起自己的责任,并且管理好自己,持续成长。说得通俗点,就是自己该做的事不让别人来操心,做一个真正的"成年人"。这里的"成年",不仅是指年龄上的成年,更是指心理上的成熟。

5.善于学习:自我批判,自我觉醒,刻意练习,终身成长

很多人会把"学习"误解为读书、听课,或者是能讲出一堆大道理。其实不然。**学习不是一种形式,而是一种思维和习惯,学习的目的也不是去说教别人,而是进化自己。**

真正会学习的人,无时无刻都能学习,从书上学、从人上学、从事上学,而且,学了之后会去做,会按照有效的方式去练习,内化成自己的能力,外化成对他人或企业的价值。

要想开启学习之旅,第一步不是学,而是自知,即自我批判、自我觉醒。只有当我们知道自己的不足之处,认识到自己在某方面需要改进和加强的时候,我们才会启动内心那股求知的动力。否则,学习就是做做样子而已,不会带来实质性的改变。

如何知道自己是不是一个善于学习的终身成长者呢?方法很简单,回想一下,当别人对你提出批评意见的时候,你的反应和态度是什么?如果你是本能地抵触、辩驳,那么,你连自我觉察都没有做到,更谈不上学习和成长。如果你能立即反思、客观分析,并乐于及时做出合适的改变,那么,我觉得你已经具备了学习和成长的底层基础,再加上对学习方法的掌握与练习,一定能成为一个优秀的终身学习与成长者。

6.乐于分享:感恩谦逊,利人利己,真诚交流,共同进步

分享,是对别人的恩赐,还是对自己的奖赏?我认为是后者。当你将心里最真实的感悟和真知灼见分享给别人时,其实是在他人心里存贮自己的信用,

你收获的不仅仅是别人对你的认可，还会得到一份安全感，当某一天你需要帮助时，也会得到他人的帮助与支持。

懂得感恩谦逊的人才会乐于分享。因为他们知道，自己所拥有的才能、所获得的成长，是自己的努力与他人的帮助共同作用的结果。他们也知道，自己还有很多不足，一个人永远抵不过一个团队，有了别人的支持和帮助，才能走得更远。所以，他们既感恩身边的人和事，也乐意向别人贡献自己的智慧。

拿走就能用的"营销力年度增长计划模板"

在第二章、第三章、第四章中,分别为大家阐述了如何打造产品力、如何打造品牌力、如何打造销售力,将这三力结合,就能提升企业的综合营销力。为了便于使用这套系统的方法,我将营销力打造的关键因素设计成了一份"营销力年度增长计划模板"(表6-2),供读者在做年度营销规划时使用。

表6-2 营销力年度增长计划模板

总效益目标	年销售量/额	销量增长率	年总利润	利润增长率

	要素	类别			
		主打大单品	配套型产品	利润型产品	培育新产品
产品力	产品名称				
	核心概念				
	品牌定位				
	客户画像				
	差异化价值				
	销量目标				

品牌力	品牌内容	
	传播途径	
	品牌活动	

	销售流程	(根据当年的情况,自己绘制切合实际的流程图)		
	关键控制点			
	改进措施			
销售力	月度销售活动	月份	内容、方案	预期结果
		1		
		……		
	销售人员评价标准	评价指标	具体衡量标准	奖励方案
	储备计划	(包括人才储备、客户储备、团队能力储备)		

第七章

成功调动团队的"三力驱动模型"

营销管理者必须要学会借助他人的力量来完成目标。影响他人做出行动和改变,并调动相关资源支持团队成员做出非凡成绩。

你的大脑里应该安装一台"三力驱动机"

你有没有遇到过这种情况：团队里有些成员工作效率低、业绩不佳，你找他聊过很多次，苦口婆心，希望他能进步。对方也态度诚恳，表明决心，一定不让领导失望。但结果却不如人意，对方并没有做出实质性的改变。

在推进某个项目计划时，明明在讨论会上大家达成了一致，可最终执行出来的效果却与讨论结果差距很大。

在组织要实施变革时，更是阻力重重，目标、计划、流程都很清晰，但就是实施不下去，不知道症结在哪里。

你以为是团队执行力的问题，于是找来培训公司做感恩培训和拓展活动，以期能提升团队执行力。但结果是培训时感动，培训后激动，培训完一周后就一动不动了。

改变他人行为、推进项目计划、实施组织变革，这是作为一个营销管理者经常要面对的情景，管理者必须要能够借助他人的力量来完成目标。过去我们在遇到上述问题时，往往会在团队的执行力上下功夫，我认为这是缘木求鱼的做法，就好比家长不喜欢读书，却总是要求孩子养成热爱阅读的习惯一样。

殊不知，团队的执行力是由队长的领导力决定的。**所谓队长的领导力，是指队长影响他人做出行动和改变，并调动相关资源支持团队成员做出成绩的能力。**队长的领导力发生改变，团队成员的执行力自然会发生变化。

那么，有没有一个支点能帮助我们成功撬动他人、调动团队力量呢？先来看一个生活中的例子。

我的小女儿今年两岁，非常活泼好动，也很调皮。有一次我正在看手机，她突然把我的手机扔到地上，然后笑眯眯地看着我，观察我的反应。

我一开始有点生气，皱着眉头命令似的对她说："你怎么能扔手机呢？会摔坏的。快捡起来！"她抿着嘴笑，不动。

于是我开始跟她讲道理，说："宝贝，乱扔东西是不对的行为，手机是你扔的，你应该捡起来，知错就改，还是好孩子。"她还是笑，依然不动。

接着，我又换了一种方式，说："宝贝，你要是把手机捡起来，我就奖励你一块糖。你要是不捡，妈妈今天就不跟你玩了。"结果，她还是只笑不动。

那一刻，我突然意识到了什么，然后走到孩子身边，蹲下来，微笑地看着她说："宝贝，你是不是想跟妈妈玩游戏啊？你把手机扔地上，它会很疼的。你去把手机捡起来，摸摸它，然后给妈妈，好吗？谢谢宝贝！"说完，我拉着她的小手走到手机旁边。她捡起手机摸了摸，递给我。我又大声说了句："谢谢！"她高兴地回答："不客气，妈妈。"然后开心地跑去玩了。

从这次事件以后，我便意识到：想让孩子愿意配合，就要先说出她心里的想法，然后适当地推她一把，帮她跨出第一步，最后大声对她表达感谢。实践证明，这个方法很管用，孩子的配合度非常高。

从这个案例中，你能发现什么奥秘呢？其实，**一个人做不做某项行动，是由他内心的动力和自身的能力决定的。做出行动和改变，不仅需要知道正确的方法，还需要他想做才行**。读完《影响力大师》一书后，我将自己对此书的理解，以及我在工作和生活中的应用心得相结合，将该书的核心内容总结成了下面这幅"三力驱动模型图"，与读者分享。

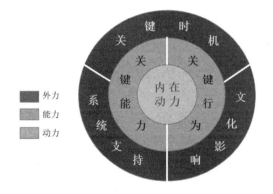

本章我将详细阐述这"三力驱动"的应用方法。如果你也想成为影响力高手，成功调动团队力量，那就快将这台"三力驱动机"安装进你的大脑里吧！

"三力驱动"第一力——激发动力

做出行动或改变,意味着要走出舒适区,去适应新的节奏,养成新的习惯,一开始会让人感到不太舒服,除非找到行动的内在动力。激发动力的目的在于找到内在驱动力的按钮,让人们能自愿、自动、自发地开展行动和做出改变。

我有亲身体会,当一个人发自内心地想做某件事情时,他会百折不挠、智如泉涌;当一个人不想做某件事,而是被逼无奈去做时,则会找各种理由拖延、放弃,上有政策、下有对策。此时,如果不去找到他内心的那个开关,而是一味地通过考核去解决,则会掉进警察抓小偷的恶性循环里,令双方都很痛苦。

如何激发他人内在的动力呢?有几个方法可以尝试使用。

1. 找到意义

人终其一生寻找的就是归属感和价值感,这份价值感不是来源于金钱,而是来自存在的意义,即对他人、对社会的价值所在。

我曾在《人民日报》的公众号里看到过一则新闻,说的是一个女孩在学校受到同学的嘲讽,因为她的妈妈是一名环卫工。但这个女孩没有自卑自怜,更没有因此而责怪自己的妈妈,而是勇敢而自信地对嘲讽她的同学说:"我妈妈是城市的美容师,如果不是因为像我妈妈这样的环卫工人辛勤地劳动,你们能生活在这么干净的环境里吗?"她的回答引来了无数人的称赞,也为自己和妈妈赢得了尊严。

还有一个故事对我触动也很深。有一家生产玩具的企业,车间流水线上的工人每天面无表情、日复一日地干着重复的体力劳动,生产效率也很差,残次品比较多。管理部门想了很多办法来解决这个问题,都收效甚微。有一次,该公司的负责人来到生产车间,看到大家都沉默不语,在机械地干着活,于是,他让大家暂时停下来。他面带微笑,热情而诚恳地对工人们说:"各位亲爱的家人们,大家辛苦了!你们知道你们每天的工作是在创造什么吗?"听到这个问题,工人们乐了,有的说:"这不是明摆着吗?我们在生产玩具。"还有的说:

"我们在给公司赚钱，公司给我们发工资，我们才能养家糊口。"这位负责人听完后笑着说："你们说的都没有错，不过我要再补充一点，你们同时也是在为孩子们创造快乐。想一想，当这些玩具被家长买走，送到孩子们手中时，这些孩子会有多开心！它们会成为孩子们的朋友，陪伴孩子成长，抚慰孩子的心灵。而这些，都是源自于你们勤劳的双手。"简短的几句话，瞬间给枯燥的工作赋予了鲜活的意义。从那次对话以后，神奇的事情发生了，生产车间的欢声笑语多了，工人们的幸福感也增加了，残次率也明显降低。

由此可见，任何普通的工作都有其意义，这份意义能给人带来自信和动力。没有这一个个的小意义，哪会有我们国家的大进步？所以，每一位在自己平凡的岗位上坚守意义、快乐前行的劳动者，都非常了不起。

赚钱的门路有千条万条，你为何单单选择了这一条？一定是它背后的特殊意义被你所接受和认可，只是你还没有发现而已。那就从此刻起，去发现你工作的意义吧！如果你只是为了赚钱而工作，那么，你就把自己沦为了一台赚钱的机器，自降身份，赚再多的钱，也寡然无味。

事实证明，意义给人带来的动力是无穷的。作为一个团队的领导，在部署工作时，首先要沟通的不是目标和计划，而是我们为什么要做这件事，它对于我们个人、对于整个团队和企业，以及对于客户和社会，具有什么样的作用和意义。这个部分的沟通要占到50%的时间比例。其次才是工作目标的沟通，即在什么时间要做到什么效果。至于具体的计划和方法，则要放手让员工自己去思考，充分发挥他们的主观能动性，团队领导只要及时纠偏就好。

2. 自主选择

人类文明史多次证明，人们宁愿失去生命，也不愿放弃自由。强迫只会带来反抗，不会让人产生内在动力，反而会消除动力。**如果你想让某人讨厌做某事，那就强迫他去做吧，效果一定会如你所愿。如果你想让他喜欢做这件事，那就请把选择权交还给他。**

我的大女儿上学后，我和她爸爸对于她的学习，观念比较一致，就是不主动给孩子增加多余的学习任务，充分尊重她的选择，我们更多关注的是她的学习态度和学习习惯的建立。我会经常给她讲故事，也会陪她一起阅读。现在她八岁，每晚都会坚持阅读，一周就能读完一本书。有时候看到入迷时，催她去睡觉她也不舍得放下书；有时候她会兴致勃勃地跟我讲书里面有趣的故事；有时候她从学校回来，跟我说："妈妈，我们班一个同学买了一本数学逻辑训练题，我也想做，你给我买吧。"有时候她会说："妈妈，我长大了想当一名舞蹈老师。"有时候她会说："妈妈，以后我要考清华大学。"不管她的目标是什么，哪怕她只是一时兴起，只要是走正道，我都会肯定地回答："嗯，这是个不错的选择。"

每个人都有权利成为她自己，而不是活成别人眼中的那个人。我看着女儿在自己的选择中享受成长的快乐，而我能做的，就是给予她支持、陪伴，营造良好的学习氛围。

我们都更倾向于对自己的选择负责，而不是对别人的选择负责。越是有个性、有能力的人，越不愿放弃选择权。想要激发他人的动力，让对方做出行动和改变，就一定要停止控制其行为的想法，以情感共鸣和提问的方式代替空洞的说教，用平等的对话代替强势的命令。

假如我正坐在沙发上看电视，想让孩子给我倒杯水喝。

第一种说话的方式是："宝贝，去给我倒杯水。"

第二种说话的方式是："宝贝，妈妈有点渴，帮我倒杯水来，可以吗？谢谢你哦。"

你觉得哪种方式更能让孩子点头合作呢？建议你回家试试。

如果你的孩子屈从于你的权威，而不情不愿地去做你命令和要求他做的事，千万别沾沾自喜，那不见得是件好事。如果你的孩子对你的命令提出反抗，那么恭喜你，你的孩子正在发展自我意识，你应该高兴，并立即调整你的方式。

有一点需要注意的是：千万不要把威胁和提供选择混为一谈。"你愿不愿意帮我这个忙？"这是提供选择。"你是想现在就做，还是5分钟之后做？"这是提供选择。"你要么现在就按我说的去做，要么就别再想得到我的任何帮助！"这是威胁。

我曾经和一位大区负责人探讨过这样一件事：公司有一套新产品即将上市，这位负责人有意想把某县市的新产品经营权授予他看好的一位经销商伙伴，他最初的想法是用销量目标来作为经营权的交换条件，如果对方想要得到新产品的经营权，那么就必须签订多少新产品目标。这位大区负责人问我的意见如何。

我给他的回复是："如果你还不确定要不要把经营权给他，只是想试探一下他的诚意和实力，这样做是可以的。如果是基于你对他的了解和信任，你已经决定要给他这个经营权，并希望他能积极地去推广这套新产品，那么，就不要这么做。因为他的动力不是来源于你跟他的条件交换，而是你对他的信任，以及他对这套新产品和他自身能力的信心。如果想要激发他全力以赴去行动，倒不如跟他推心置腹地谈谈你选择他的理由，以及你对他的信任，还有根据他的市场资源和新产品的使用量，他在现有条件下能做到多少业绩。如果他想要抓住当前的好时机，顺势扩大自己的品牌影响力，也可以挑战一把，制定更高的目标，开发更多的客户。让他自己选择。"

最后，这位大区负责人对我的观点表示认同。

鸡蛋从内打破是一个生命，从外打破则是一道菜。一个人心志的改变只能是他自主选择的结果，人们只有在主观上做出选择之后，才会心甘情愿地做出承诺，也才能真正做出改变。

3. 创造体验

说一千遍，不如亲身体验一次。

你想让对方去做某件事，甚至喜欢做这件事，那就为他创造一次愉悦的体验；你想让对方停止做某件事，甚至讨厌做这件事，那就为他创造一次痛苦的体验。在体验中，人的大脑会让自己的感受与这件事情之间产生连接，这种连接越牢固，感受越深刻，行动也就越持久。

第一种创造体验的方法是：参与讨论。

在实施某项营销活动之前，邀请团队成员参与进来，共同对活动方案进行讨论、修订、完善，在这个过程中，团队成员感受到了充分的尊重与信任，不仅能让他们更深层次地理解活动的要旨，也能让他们对活动方案产生认同。当活动方案最终确定的那一刻，这份凝聚了集体智慧的"共同的决定"，让他们内心充满了成就感和自豪感，而这种感觉会最大限度地调动大家的主观能动性，从而使执行效果更好。

第二种创造体验的方法是：将参与过程游戏化。

为什么很多看上去非常简单的电子游戏，无论是大人还是孩子都玩得不亦乐乎？因为有比分、有排名，每过一关就会有正向反馈，玩的人能看到自己的进步，感受到成就感。

做销售其实是一件很有意思的事情，仔细观察就会发现，越是开心地做事、享受其工作过程的人，越是能创造出好的业绩。相反，越是每天苦哈哈、怨天尤人的人，越是困难重重。我曾经对我的团队伙伴们说："销售就是旅行，每天带着快乐的心情出门，去不同的地方，领略不同的风土人情，和不同的人聊天，关键在于你能聊什么、怎么聊、聊的结果如何。"

现代教育越来越讲究寓教于乐，对孩子是这样，对工作中的成年人同样如此。谁不向往快乐呢？首先在心态上认可这一点，才能在方法上去设计趣味性。

我们团队每周都会公布销量排名，但我们从不处罚业绩靠后的伙伴，只会去分享这些销量靠前的优秀伙伴的成功经验。我们每年还会进行榜样人物的盛大颁奖，表彰先进，讲述故事，舞台、灯光、鲜花、掌声、红地毯，这样的精彩绽放，这样的荣耀时刻，足以慰藉过去一年的辛劳，为新一年的挑战加满油、充满电。我们还在内部培训的时候设计知识抢答、积分兑礼等环节，在公司年会上做产品包装的时装秀……想想这些画面，我现在还会情不自禁地笑起来。

如果你愿意，我相信你还能想到更多有趣的方法。相信我，只要这样去做，你一定会有意想不到的惊喜，员工会被你的游戏自然吸引，高度投入和参与。那么，做出行动和改变就是顺其自然的事了。

如果有些事情没法亲自体验怎么办？或者对方暂时不愿意跨出第一步去尝试，怎么办？**用讲故事的方式，制造间接体验**，无疑是一个好方法。

小时候，我的妈妈教我不要随便吃别人给的东西，尤其是坚决不能要陌生人给的东西。为了让我记住，妈妈给我讲了个故事：一个小女孩在外面玩耍，一个陌生叔叔给了她一个苹果，小女孩吃了之后就晕倒了，后来被那个陌生叔叔抱走卖了。这个故事我至今还记得，自从听了这个故事之后，我就再也不接别人给的东西了，连邻居阿姨给的都不要，除非妈妈在旁边点头同意。现在在一些短视频平台上，我们也经常能看到类似的虚构故事，其目的就是告诫孩子们要保护自己。比起单纯的说教，这种方式更能让孩子们印象深刻。

故事的传播力是最强的，千百年来，中国的神话故事代代相传，这些故事传递的不仅仅是故事情节本身，同时，也将中国人的信仰、文化、精神传承了下来。

讲故事的方法在我们的营销工作中也十分常见，比如客户见证。某客户使用产品前遇到了哪些问题，使用后发生了哪些变化，客户的感受和评价是什么，等等。这个方法各行各业都在使用，在使用讲故事的方法传递产品价值时，要做到以下几点。

（1）故事要真实：不能胡编乱造，不能欺骗客户。

（2）细节要具体：地址、姓名、时间、情节要讲清楚。

（3）图文并茂：最好配上客户的视频和照片。

关于如何讲好一个故事，有一本书叫作《你的团队需要一个会讲故事的人》，推荐大家去看，在这里就不多说了。

4. 目标激励

前些年流行一句话：有目标的人睡不着，没目标的人睡不醒。我觉得这句话堪称经典。

我是谁？我从哪里来？要到哪里去？这是人生三大哲学问题。到哪里去，解决的就是目标问题。人生就像一场马拉松，有长期目标做指引，有短期目标做激励，就会让我们的内心产生斗志和动力。马云说："要让天下没有难做的生意。"董明珠女士说："要打造中国的民族品牌，让中国制造走向世界。"目标越高远，事业的格局就越大，内心的动力也会越强。

我每年都会与员工进行职业规划的深度面谈，了解他们对于自身职业发展目标的想法、对于自己当前所处阶段的认识。与他们一起分析差距，找到实现目标的方法和我能为他们的发展目标提供哪些资源和支持，以及随着公司的发展和对未来的规划，将来可能会出现哪些新机会，我对他们的成长期望，等等。通过这样的深度面谈，可以最大限度地将员工的个人事业目标与企业发展目标相结合，形成高度一致与协同，从而激发员工的内在动力。员工的每一步都是在为自己的目标而努力，又怎么会消极怠慢呢？

员工选择加入一家企业，并把他们最好的青春年华与智慧能力奉献给这家企业，企业对于员工的成长是负有责任的。**员工不是工作机器，作为企业的领导者，一个团队的队长，不能只盯着员工的工作业绩，还应当关注他们的个人成长，要帮助员工强健体魄、强大内心、强化能力、实现梦想，让他们有更大的力量去应对未来的一切不确定性。**这是任何人都需要的一份职业安全感，是队长首先应关注的事情。

在描绘目标时，最好能做到具体而清晰，让目标具有画面感，这样更能够感染人、激励人。比如，你想打造一支优秀的销售团队，对于这个目标的描述可以是这样：在三年内，我要打造一支30人的销售团队，他们自信、务实、好学、向上，各有优点，并且能互取所长、团结协作，经过系统的训练，他们都能站在台上做公众演讲，每个人手上都拥有200个以上的优质客户，团队销售业绩在公司排名第一。这样的描述，是不是感觉目标更清晰、更容易实现呢？

5. 充分信任

请思考一下：你相信你的员工吗？

也许你会说："我当然相信啊，要不然怎么会任用他们呢？"

如果他们犯了错误，或者你认为你的方法更好的时候，你会怎么做呢？

也许有些管理者会直接指出员工的错误，教他们怎么做；也许干脆自己上手，因为那样更快、更高效。很少有人能够忍住不说，看着员工犯错误、走弯路。但其实，这些都不能叫作充分信任。

我以前就是这样，喜欢向员工发表自己的意见，提出自己的解决办法，还以为那样是在帮助员工成长。后来我发现，他们无论大事小事都要来征求我的意见，即使是在授权范围内的事情，也要让我来定夺，他们才会放心。于是我便反思：他们为什么不能自己做决定呢？是不敢决定？还是缺乏做决定的分析方法？或者是不想承担后果？

在反思之后，我对自己的管理方法做了调整。首先，我告诉我团队里的所有伙伴，要敢于做决定，不要害怕犯错，犯错是很正常的，只有不做事的人才不会犯错，所以，犯错是干事者的勋章。然后，我教给他们做决定的方法，尽量减少不必要的错误，降低决策失败率。之后，每当他们来征询我的意见时，我都会问："你认为呢？你的理由是什么？"我会为他们提供一些参考意见，但是不代替他们决定。

我认为，真正的充分信任至少要做到以下三点。

（1）尊重员工的想法，相信他们的想法必有可取之处。

（2）允许员工犯错，给予他们自我思考和成长的时间。

（3）责权利统一，员工按照自己的想法做成某件事时，管理者不能抢功劳，要让员工享受到自己的劳动所带来的成就感；而员工如果犯错了，也要让他们自己分析、总结，并承担事情本身带来的自然后果。注意，是自然后果，而非附加的惩罚。

当员工得到了充分的信任后，他们的工作热情就会被激发出来，真正明白这是在为自己而干。当然，给予员工充分信任，不是说管理者要做"甩手掌柜"，而是采用"责任型授权"的方法，既确保团队行进在正确的方向上，又能够充分发挥员工的主观能动性。

责任型授权，管理者和员工双方要在以下五个方面达成共识，并做出承诺。

（1）预期成果：双方都要明确并完全理解最终想要的结果。

（2）指导方针：确认适用的评估标准，明确限制性的规定。

（3）可用资源：告知可以使用哪些人力、财物等组织资源。

（4）责任归属：制订业绩标准和时间表，用以评估其成果。

（5）明确奖惩：明确告知好的和不好的结果，包括物质与精神奖励、职务调整，以及该项工作对组织的影响。

请相信"相信的力量"，员工的潜力是无穷的，他们比你想象的更优秀，他们可以创造出超出预期的惊喜，你越相信就越能够得到。

以上五个方法（找到意义、自主选择、创造体验、目标激励和充分信任）是激发员工动力、驱动团队成员做出行动与改变的有效方法，大家可以根据情况选择使用或组合应用。

"三力驱动"第二力——提升能力

有了动力还不够,要让员工采取行动,帮助他们掌握完成行动的关键能力。否则,当他们想做某件事却又感觉力不从心时,就会在困难面前退却、止步,回到原点。

提升能力的目的是要帮助员工超越过去的自己,操作原则是要尽可能地做到简单易行。这里包含两方面内容:一是关键能力,二是关键行为。在这里,关键能力是指他人开展某项行动、达成行动目标所需要的最核心的能力。关键行为是指在这项行动中最有利于促进行动目标的达成、决定了80%的行动效果的行为。

如果你晚上在书房看书,如何能提高你的学习效率呢?你是不是会想到做读书笔记、画思维导图、写读后感等诸如此类的学习方法?这些方法都没错,但经过我的测试,有一个既简单又能提高50%以上学习效率的举动,那就是把手机拿走,放在另一个房间关静音,在自己看书的那一段时间里不看手机。没错,就是这么简单,这能迅速提高我们读书的专注力,保持阅读思维的连贯性。这就是对行动结果起到决定性作用的关键行为。

再举个例子,在我刚接手市场的前几年,团队人员少,资源有限,可那时市场正处于开拓阶段,需要快速建立渠道网络、扩大宣传面、打开市场局面。这是很多刚接手新市场的营销人都会面临的局面。怎么办呢?作为营销管理者,不能是有多少资源干多少事,那样太被动,会错过市场时机,而是必须想办法。于是,我鼓励业务经理自己下市场进行项目宣讲,并开展课程演练和讲师评比活动。业务经理自己讲课,既能加深他们对于公司项目的认识和认可度,也能树立他们在经销商团队中的专业形象,为他们后期的管理打下基础。最重要的是,多个业务经理同时在市场开展一对多的宣讲,市场开发效率提高了几十倍,同时还能增进他们与客户之间的交流,加强市场信息的反馈,让我们的营销决策更准确、更高效。这就是对结果起到重要助推作用的关键能力。

通过以上两个案例，大家对关键能力和关键行为的概念应该已经有了更深的理解。下面我们来谈谈如何培养关键能力，我总结了以下几个步骤。

1. 打破固有思维

不管是什么工作，都不可能是一成不变的。世界上唯一不变的就是改变本身，尤其在当今时代，更是充满了不确定性。非洲猪瘟疫情，全球新冠肺炎疫情，还有互联网企业的跨界整合，等等。这些突如其来的变化，对整个行业，甚至全球经济格局都产生了巨大的冲击和影响。年前才开完庆功会，企业老板还在公司年会上雄心壮志地说要进军全球市场，年后未正式开工便不得不考虑降薪、裁员甚至关门破产，这样的例子屡见不鲜。

要想在这样的环境中立足并长久发展，就要时刻做好准备，调整自己以适应新的环境和新的发展要求。正所谓君子不器，我们不要把自己工具化，将自己局限于某方面的能力，而要根据当前任务的需要去调整，要相信自己的潜力是无穷的，只要我们愿意做出改变，打破固有思维，就成功走出了第一步。

2. 识别关键能力

当我们认识到要完成新任务，就必须在原有的基础上去掌握新技能时，就可以根据新任务分析：要完成新任务需要的最关键的能力是什么、能力为什么是关键能力、它能起到的作用有哪些，以及现有能力与关键能力之间的差距有多少。

这个要根据具体任务去具体分析，任务不同，目标不同，所需要的关键能力也不一样。识别关键能力的方法很简单：先把完成该项任务所需要的能力一项项列出来，然后写出每项能力在该任务中对应的作用，再按照重要性进行排序，最重要的则是最关键的。

3. 构建能力训练框架

确定了关键能力后，接下来要对该项能力进行分解，制订出关键能力的训练思路和框架，包括对该项能力的描述、训练目标及训练计划。

在新冠肺炎疫情暴发以后，很多企业的线下营销工作基本处于停滞状态，线上做直播成了企业营销的新方向。于是，新形势下的关键能力变成了做线上直播课的能力。

我们在屏幕前看到的视频直播课程似乎很简单，就是一个讲师一边播放PPT一边讲述。但这个课程展示的背后，其实是一个系统在支撑。我们在做这项工作之前，可先将"做线上直播课的能力"拆解成几个部分：直播前的策划、课程录制与剪辑、课程传播、课程效果跟进强化。每一个部分都要做出详细的操作流程，然后根据操作流程进行训练。

就拿直播前的策划部分来说，至少需要考虑七个方面：直播目的、对象分析、营销目标、产品分析、内容设计、直播策略、创意设计。按照这个框架去做策划方案，就能让我们的直播行动有章可循、思路清晰、目标明确，使效果得到大大提升。

4. 按照新的能力训练框架练习、复盘、再练习

不断学习新知识，却不断重复走老路，这样的情况时常会发生。我们的大脑很善于偷懒，惯性思维和路径依赖会让我们不容易走出过去的习惯，去建立新的习惯。

路径依赖是指人类社会中的技术演进或制度变迁均有类似于物理学中的惯性，即一旦进入某一路径，就可能对这种路径产生依赖。一旦人们做了某种选择，形成了某种思维习惯，就好比走上了一条不归路，惯性的力量会使这一选择不断自我强化，让人轻易走不出去。

如果制订了新的能力训练框架而不去做，那么依然无法帮助员工将知识转化成可以产生价值的技能。"知道"与"做到"之间有一座桥，这座桥叫作"刻意练习"。在这里，团队管理者的引导就很关键了，他要像教练一样，在每一次行动前告诉团队成员说："来，我们按照新的思路来进行思考与行动。"

最初的能力训练思路一定不会是完美的，需要在实践中去检验，然后复盘、

修正、总结、完善,在此基础上再练习,然后再复盘、修正、总结、完善,如此周而复始,持续改进,才能最终形成新的思维习惯和行为习惯,变成渗透到身体里的能力。

5. 转化成组织能力

在培养新的关键能力之初,我建议先从那些善于学习、乐于创新的人员开始入手,而不是一下子就全面推行,否则,关注度无法聚焦,人际关系错综复杂,反馈信息真假难辨,失败率会很高。

当小范围训练成功后,再将有效的经验方法进行总结,便可通过培训、演练等方式,在整个团队中复制,进而转化成组织能力了。还是以前面讲的"做线上直播课的能力"为例,在亲自带领创新小组成员做了几期直播课之后,我整理了一篇关于《如何做好一期微赞直播》的文章,作为团队能力训练的模板。我将此文附在下面,供大家参考。

如何做好一期微赞直播

在当前形势下,直播营销已经成为一种新型的、低成本的有效营销方式,如果运用得好,它可以极大地放大个人和企业的价值,为我们开创另一个品牌传播的窗口。直播营销的平台有很多,本文主要讲的是如何在微赞平台上做好直播。

要做好直播,首先要对它有一个正确的认识,然后才是操作层面的改进。有以下两点要达成共识。

(1)不管直播营销多么火爆,它依然只是一个工具,不能代替营销的本质。产品的效果、为客户创造价值、为合作伙伴提供发展支持,这才是不变的根本。

(2)做直播的目的要结合公司的营销目标,不能为了做直播而做直播,更不能因为绩效考核等因素被迫无奈做这件事,否则不会产生好的结果。直播营销的两大主要作用,是提升企业品牌形象和促进产品销售,因此,直播一定要和销售系统协同起来,上下一心、内外配合、共同发力,才能取得好的成果,单靠某一个环节是不够的。

有了以上观念的共识后,我们来探讨一下如何做。下面将分成三个部分来阐述。

1. 直播方案的思维框架

在进行直播活动前,首先要对此次的直播活动进行充分的讨论和精心的设计,可按照以下七步来逐一整理,形成完整而系统的思考。

(1)直播目的。是指这场直播对于观众的价值和意义是什么,对方为什么要花时间来看这场直播,他们能从中收获什么。这是设计直播内容和吸引目标群体观看的基本前提。

(2)对象分析。这场直播是做给谁看的?这个群体有什么特点?他们有什么需求没有被满足?他们的收看习惯和时间是怎样的?等等。

(3)营销目标。这场直播对于我们的意义和价值是什么?有哪些可以量化的指标?比如收看人数达到多少,粉丝增加多少,产生多少销量转化,或者是对于企业品牌形象达到什么样的效果……只有对客户有益、对企业有利的事情,才值得我们花时间去做。

(4)产品分析。直播中涉及的产品有什么特点和卖点?有哪些是可以在直播中进行展示的点?产品的风格定位与本次直播的主播人是否匹配?看完直播后,希望观众记住的关于这个产品的核心点(也就是我们要在直播中重点强调的点)是什么?

(5)内容设计。在以上四个方面深入分析且明确的基础上,我们再来设计直播的内容框架,包括内容要点,以及每个要点对应的要达到的目的,还有支撑这些内容的事实依据和材料。关于这一点,详见本文第二部分的"直播内容的屋顶图"。

(6)直播策略。选择一种与上述内容和目标相匹配的直播策略和方式,是采取专家访谈的形式还是对话的形式,或者是授课的方式、互动答疑的方式、明星代言直播的方式等。

（7）创意设计。在直播前、直播中、直播后设计一些创意点，来增加直播看点、提高完播率，让直播效果更突出。直播前的创意设计是为了制造吸引力、扩大影响力；直播中的创意设计是为了提高完播率、提升销售转化率、增加观看直播的人数；直播后的创意设计是为了对直播活动进行二次利用，强化直播内容要点、延续直播效果、放大直播价值。

在每次设计直播方案时，都按照这个思路去整理，逐渐形成一套完整的思维模式。

2. 直播内容的屋顶图

对于直播内容的设计，我总结了一个简单明了的工具，即直播内容的屋顶图，包含内容总目标、内容要点、内容目的、事实基础四个部分，如下图所示。

内容总目标	
内容要点	内容目的
事实基础（支撑内容的事实依据与相关材料）	

3. 提高收视率的有效方法

我们对每次直播进行复盘，总结出了几个有利于提高收视率的方法。

（1）在直播前录制一些有趣的小视频，介绍本次直播的看点，吸引更多人关注。

（2）在直播正式开始前的5分钟，主持人要提前进入直播间进行互动和预热，反复强调本次直播的看点，吸引观众守候在直播间。

（3）在主持人预热的过程中设置奖励环节，鼓励观众转发分享出去。

（4）主持人多次宣布与本场直播相关的纪律和参与规则，让大家都知悉。

（5）相比直播前的宣传，直播过程中的转发对于提高收视率更重要。因为客户看到链接后点击进去就可以看，如果内容感兴趣就会继续看下去。但是直播前的宣传不具备这一点。

（6）直播结束后，对于直播视频要再次利用，可以把直播内容中的重要点剪辑成一分钟左右的小视频，配上文字在微信群和朋友圈里推送，增加曝光度，加深观众印象，从而最大限度地发挥直播的价值。

当然，还有更多的好方法等待我们在实践中去发现，相信我们会越做越好。

这里强调一点，当我们针对一项新的行动任务培养团队的关键能力之前，作为团队的领导者，一定要身先士卒，一方面表达重视，另一方面也便于资源的调配，这样才能确保成功。等到团队成员形成了新的思维习惯和行为习惯后，领导者再抽身出来，授权下属去做即可。

如果说关键能力解决的是有没有能力做的问题，那么接下来要谈的确定关键行为，则解决的是怎么做的问题。

前面讲到，关键行为是指在这项行动中最有利于促进行动目标的达成、决定了80%的行动效果的行为。对于关键行为的管理，实际上就是对过程的把控。在方向正确的前提下，过程对了，好结果会自然呈现。现在很多企业开始做KBI考核，即关键行为指标考核，用于对员工的行为进行管理，以及帮助企业进行文化落地。

这里分享两个案例，加深大家对于关键行为的理解。

在新冠肺炎疫情暴发后，以钟南山院士为首的医疗专家组提出了疫情防控的关键措施，号召全国人民做好三件事：少聚集、戴口罩、勤洗手。我相信这个经历大家都记忆犹新。通过这三个关键行为的管理，新冠肺炎疫情得到了有效的控制，不仅是新冠肺炎疫情，这三个举措对于预防其他疾病也十分有效。自从养成了出门戴口罩的习惯后，近些年我每年四五月都会复发的过敏性鼻炎，今年竟然没有复发，经我自己的分析，应该是戴口罩的作用，阻断了外面的过敏源与我的鼻腔的接触。我心里暗自思量，以前吃了那么多药，用了那么多治疗方法，都没有免去鼻塞头晕的痛苦，结果简单的一个举动——戴口罩就轻松解决了，之前怎么就没有想到呢？看，这就是关键行为的神奇力量。

再来看一个案例。1988年，泰国王室为了体现王恩浩荡，对3万多名在押犯进行了赦免。随着犯人获得自由，艾滋病病毒如脱缰猛兽般快速蔓延。首先是在使用静脉注射的吸毒人群中传播，然后性工作者被波及，紧接着，病毒通过他们又传给了下一代。截至1993年，据估计，泰国已有100万人感染艾滋病病毒。世界各国的卫生专家预测，照这个速度，用不了几年，泰国的艾滋病感染率将位居全球之首，平均每4个成年人中就会有1例感染者。

后来，在威瓦特医生的不懈努力下，这一可怕的后果没有出现，泰国的艾滋病传播得到了有效的控制。最开始，威瓦特医生在泰国卫生部的指导下开展行动，他向民众进行艾滋病的宣传教育工作，期望从意识形态上引起民众对于这一疾病的重视，从而降低感染率。但是，这个方法收效甚微。最后，威瓦特医生发现了防控艾滋病的关键行为，就是让所有性工作者使用安全套，因为他发现：97%的新发病例源自和性工作者发生异性性行为的人群。到20世纪90年代末，泰国新感染人群的数量降低了80%。

从以上案例不难看出，如果员工已经有了动力想做，也培养了关键能力能够做，但是不知道该如何着手，或者是行动计划太过复杂，也就是我们常说的没有"抓手"，那么，团队力量依然得不到发挥，甚至会走很多弯路。

如何发现和确定关键行为？有以下五个步骤可以去做。

（1）通过观察和分析数据，找到影响结果的关键因素。

（2）针对关键因素，列出可能有效的行动措施。

（3）对团队中的优异者进行分析，找出他们之所以做得优异的不同行为。

（4）将第（2）点和第（3）点进行对照，确定一项最具价值的关键行为，然后在实践中去测试。

（5）根据测试情况，判断和确定关键行为。

一些企业对于业务员的考核指标一般包括几点：出勤天数、客户开发数量、营销活动的组织效果、产品销量或销售额等，主要是对结果的考核。而针对出勤天数这一项，考核表里确定的关键行为是用手机定位、报考勤，以确定业务员在岗。

但是，对于我的团队，我没有采用这种考勤方式。因为如果业务员只是为了考核评分而报考勤，那么，我们是很难确保他们的有效工作时间的。我不可能为了管理20个业务员，再配备4个监督员每天盯着电脑看他们的行踪。

没错，这里有一个很关键的因素——有效工作时间。要想提升工作业绩，重要的不是员工有没有早出晚归、打卡报差，而是他们有没有真正用心投入工作、采取有效的行动。

既然明确了关键因素，那么就知道该从哪个方面去确定关键行为了。我的做法是：每个月底，地区经理根据公司的整体营销活动和本区域的营销计划，确定自己下个月的行程安排，如果只需要出差10天就能完成行动任务与销量目标，那就不必要求出差15天，剩余的时间可以多陪伴家人，多学习提升，自主选择。如何确保员工的有效工作时间呢？有三个日常的关键行为要求：一是每天在群内分享自己市场的优秀案例和自己精心编辑的宣传内容；二是坚持每天发朋友圈，分享公司的产品和相关专业知识；三是每周在群内轮流分享有效的工作方法和经验。

这个方法从目前来看还是很有效的，管理起来相对简单，大家工作时也觉得很自由，越自由，创造力越强。我并不认为这样会失控，因为大家都是成年人，我尊重且相信他们，他们也会对自己的人生负责、对自己的时间负责、对自己的工作负责，并给出令人满意的结果。

在《高效能人士的七个习惯》一书中，史蒂芬·柯维先生倡导的成功不仅仅是事业上的成功，而是事业、家庭、人际关系、个人健康和爱好的平衡发展。我非常赞同这一点，在我的经营管理中，我也一直倡导这一点，从上面的例子便可以看出来。一个人只有在身心健康、平衡好了事业与家庭的情况下,才能拥有拼搏的力量。

在激活了团队成员的内在动力之后,根据外部环境的变化和企业发展的需要,明确组织所需要的关键能力,并做好关键行为的管理,便可以让团队如虎添翼,爆发出强大的能量。

"三力驱动"第三力——借助外力

有了动力和能力，还有一种力量不能忽视，那就是外部的影响力，也就是我们常说的"天时、地利、人和"，在我前面分享的三力驱动模型图里，分别对应关键时机、系统支持和文化影响。虽然这三方面的外力我们决定不了，但是我们可以做到借力。

天时：关键时机

雷军有一句名言广为流传："站在风口，猪也能飞起来。"当然，后面还有一句："如果你有一双翅膀，就能飞得更高。"前者说的是时机，后者说的是自身实力。做任何事情，要先看清形势，把握趋势，如果反趋势而为之，是很难成功的。

关键时机可遇不可求，很难凭一己之力去创造。但我们完全可以做到早发现、早准备，以迎接时机的到来。你也许会说："我又不是神算子，怎么能提前发现？"其实，每一个机会在到来之前都会有一些信号，大部分信号藏在危险的背后，所以危机的意思就是，有危险就有机会。

近些年来，机器人技术进步明显。2016年3月，AlphaGo以4:1打败世界围棋冠军李世石；2017年年初，AlphaGo又化身神秘网络棋手Master，击败包括聂卫平、柯洁、朴廷桓、井山裕太在内的数十位中日韩围棋高手，震惊全世界。随着人工智能技术进入各行各业以及普通大众的家庭，未来必将对我们的生活和工作产生颠覆性的影响。如果我们能更好地理解这些技术可能带来的变化和影响，那么，我们就可以提前做好准备，强化那些机器人无法超越人类的能力，比如社交技巧、同理心、团队协作能力等。也可以重新设计我们的业务流程，将那些可以被标准化、程序化的简单重复的体力劳动交给人工智能技术来处理，提高工作效率，创造更多财富。

地利：系统支持

好的成绩是系统中各个部门共同协作的结果。就像一部机器，即便是一颗小小的螺丝发生松动，也可能导致整部机器停止运转。

为某项行动提供系统支持，至少要考虑三个方面。

1. 部门协作

这项行动会涉及的部门，一定要组织部门负责人开会沟通，形成协作小组，在行动上达成共识。由部门负责人去协调本部门的人员全力配合此次行动，以确保行动顺利，避免内耗。

2. 资源配置

巧妇难为无米之炊，开展行动需要的人力、物力、财力都要配备到位，行动负责人拥有多大的资源调度权力，也最好提前明确。团队的管理者，在某种意义上应当是一个服务者和支持者的角色，在行动负责人带着方案来申请资源时，要给予最大限度的支持。

3. 物质奖励

如果干好干坏一个样，那么久而久之就变成了吃大锅饭，团队活力会减弱。针对关键行为和产出结果设置相应的物质奖励是有必要的，这会给行动者一个推动力，促使他们行动。但在采用物质奖励之前，要先确保行动者清楚此次行动的意义，以及关键行为能给他们带来内在满足感，也就是三力驱动模型里的核心——内在动力。否则，请慎用这项措施。

有一位老先生，他的住所前有一片草地，每天都有一群孩子来这里玩耍嬉戏，常常打扰到他休息。他与孩子们沟通，让他们玩的时候小声一些，但是没用，孩子们一玩起来就忘了。他用棍子吓唬这些孩子，驱赶他们离开，可是，等他回到房间后不久，孩子们又回来接着闹腾，甚至比之前的声音更大。

后来，老先生想了个办法。有一天，他对这些孩子们说："感谢你们给我的生活带来了欢乐，让我这里有了生机。我决定从今天起，你们来这里玩，我奖励你们每人5美分。"孩子们听完简直不敢相信自己的耳朵，来玩耍还能赚钱？还有这么好的事？当老先生把钱给到他们手里时，他们知道这是真的，于是他们每天都来找老先生拿钱。给到了第十天，老先生对这些孩子说："我最近资金有点紧，从今天起，我每天给你们每人2美分。"孩子们有点不高兴了，怎么变少了呢？但是，有总比没有好吧，于是他们也接受了。又过了十天，老先生对这些孩子说："我没有那么多钱了，以后没有这个奖励了。"孩子们马上生起气来，喊道："我们以后不来玩了。"

这种现象叫作**"过度理由效应"**，当你用物质手段去奖励人们本来就喜欢做的事情时，反而会将人们的注意力从事情本身的意义转向对物质的关注上，从而丧失内在动力。所以，物质奖励一定要适度。

如果团队成员做了错误的行为，要不要惩罚呢？我的答案是：最好不要。如果实在有必要，也一定要先和团队成员约定好做出错误行为可能承担的后果，分析利弊，避免触犯。但是，如果这些方法依然不管用，团队成员多次做出错误行为，则要坚决处罚。

人和：文化影响

每个团队中都或多或少的存在一些约定俗成的潜规则，或者是某个关键人物的行为言辞会暗暗左右着行动的走向。如果你的团队文化打造得好、团队价值观比较一致、团队风气比较正，那么，这种文化的影响会正向发展。反之，则会给整个行动带来无形的阻力。

如何借助这种文化影响力？如何破解暗流涌动的阻力？这里给大家提供几个步骤。

1. 了解阻力点

通过深入观察和沟通，了解形成阻力的因素，做到有的放矢。

2. 找到关键人物

找到团队中的意见领袖、关键人物，争取得到他们的支持，借助榜样的带动作用影响其他成员。

3. 瓦解错误行为

开展批评与自我批判，公开讨论错误行为，越开诚布公，越能快速瓦解潜规则，不要顾及个人面子，不要屈从于领导权威。作为团队管理者，必须率先垂范，自我反省，而不是一味地指责下属。

4. 形成新的文化共识

列出对于团队未来发展有利的文化理念和价值观，同时结合团队自身特性，提炼出新的团队文化内容，并向团队成员解释这些文化内容的内涵，与团队成员达成共识。

比如，当团队思想固化、止步不前时，在完成了前三步，即了解阻力点、找到关键人物、瓦解错误行为之后，可提出"团队开展重要行动的四项原则"，作为团队新的共识。

原则1. 整体利益优先，兼顾个人利益。

原则2. 上对得起公司，下对得起客户。

原则3. 在风险可控的情况下，勇于创新，敢于冒险。

原则4. 在过程中把握方向，及时沟通，及时解决。

5. 持续强化新团队文化

新的团队文化要反复在团队内进行宣讲，结合实际案例，加深文化认同感。对于能够体现新团队文化的关键行为表现，要给予及时、公开、郑重的表扬，并说明为什么，不断地给成员正向反馈。

行为是环境的产物，营造良好的工作环境和文化环境，更有利于塑造正确行为、提高工作效率。文化影响力就像一双无形的手，看不见、摸不着，但它真实存在着,并且影响着每个人的行为,不容小觑。

除了无形的文化氛围创造,还可以通过有形的办公环境改造来产生影响。

如果你想提高部门之间的沟通效率,不妨把办公室里部门与部门之间的墙壁砸掉,变成开放式的办公区,保证会大有不同。我一直坚持与业务部门一起办公,即使在公司人员多了之后我搬进了独立的房间,也与业务部门离得很近,而且开着门,随时都能听到外面的声音,一旦发现问题就能及时进行现场管理。

三力驱动模型的运用

以上针对驱动模型图的三力——激发动力、提升能力、借助外力,进行了详细的阐述,每一部分都提供了一套操作方法,也结合了案例分析。为了方便大家使用这个模型,我设计了一个表格(表7-1),在你要启动某个新项目、实施某项变革、调动团队采取某项行动前,先按照表格里的项目进行思考并填写完整,我相信,你的行动会更容易取得成功。而且,你会在脑子里形成一套新的思维体系。

表7-1 三力驱动模型使用图表

驱动力	内容	措施1	措施2
动力	找到意义		
	自主选择		
	创造体验		
	目标激励		
	充分信任		
能力	关键能力		
	关键行为		
外力	关键时机		
	系统支持		
	文化影响		

注意事项

（1）在使用该模型调动团队成员做出行动和改变的过程中，重点关注行为，而不做任何道德评判与人格评价，避免一些员工产生消极情绪，破罐子破摔，这样不利于他人做出正确的行为改变。

（2）推动变革和引导行动的人，一定要是团队中受人信任、受尊敬的成员，可能是团队的领导，也可能是该项目的负责人。他们要以身作则，要足够坦诚。他们受信任和尊敬的程度，决定了项目推进的成败。

第八章

营销力实战

营销的最妙之处在于,虽然它有章法可循,却永远不会千篇一律。每一个营销人只要足够用心,都能做出自己的一番特色,展现不一样的作品。也正因如此,营销总是能让我们满怀好奇与期待,一路奔跑,一路探寻。

在本章中,我特别邀请了我的好搭档来参与编写。刘月珍老师擅长团队激励,由她来分享"团队激励式管理"模块;梁宁老师擅长大单品打造,由他来分享"企业破局之道——战略大单品打造"模块。另外,我也将五年来在新媒体营销方面的一些心得和经验做了总结,整理成了"新媒体营销为传统企业插上腾飞的翅膀"模块的内容,与读者分享。

营销百变,不能忘本;百花齐放,殊途同归。

团队激励式管理

万事一理

本书的主创作者谢小玲老师邀请我参与本章的创作，我感到既兴奋又期待。她邀请我专谈"团队激励式管理"这个模块，不谦虚地说，激励营销确实是我带领营销团队以来，做得最得心应手的地方。

平时有朋友或家人问我：做营销、做激励，最重要的是什么？我一般讲不出具体的方法和技巧，因为我的内心始终尊崇着那句老话——做事就是做人。由于这句话既太过真实又太过虚无，说了就像没说一样，所以并不能总是用这样一句话来回答，对问者恐有敷衍搪塞的意味。可是，这正是"万事一理"的本质。不擅长激励的人，通常是为人处事存在某些欠缺，才未能达成期望的结果。我这里所说的欠缺，并不是指道德品质，而是与人相处的一份道理。从这个角度出发，我建议学习营销的朋友可以读一些心理学和哲学方面的书籍。读书明理开智，用书中学到的逻辑思维结合现实故事，去理解善变的人心、去把握不变的人性、去感悟人生的真谛、去领会营销的深意。与此同时，我也希望能够看到这本书和此章节的朋友，在掌握了一些激励营销的工具之后，可以回归"一理"，用真诚感化他人。

没有什么道路可以通往真诚，真诚本身就是道路。从事营销工作25年来，真诚为我敲开了一扇又一扇门，打开了一扇又一扇窗，带我见识了一颗又一颗人心，领我去到了一个又一个地方。借此章节剖析经年营销工作的内涵，还原营销激励的本原，愿这本书可以帮助更多营销人圆梦未来，化蝶飞舞。

激励营销之如何实现自我激励

我曾经粗浅地读过《孙子兵法》与《三十六计》，用心琢磨，不论是"瞒天过海、围魏救赵、借刀杀人、以逸待劳"这些谋略，还是"美人计、空城计、苦肉计、连环计"这些计策，我似乎都学不来。

营销策略在我心中从最初的毫无章法、盲目懵懂，到日渐清晰、逻辑成熟，我觉得三十六计缺少一个"激将法"。而我的这个"激将法"，并不是从相反的一面去挑起对方的斗志，而是激起将领自身的意志与动力，带领团队登上一座又一座山峰。

德国著名教育家第斯多惠曾说："教育的艺术不在于传授本领，而在于激励、唤醒和鼓舞。谁要是自己还没有被培养和教育好，他就不能培养和教育别人。一个低水平的教师奉送真理，一个高水平的教师教人发现真理。"我很欣赏这段话。做营销和带团队与带兵打仗不同，营销精英不需要打败对手获取胜利，只需要激励、唤醒和鼓舞团队成员做最好的自己，完成更好的业绩。

团队领导者如何实现自我激励？

（1）自知为明，要事第一。

（2）全神贯注，心流涌动。

（3）我是一切的源泉。

作为团队的将领，必须先把自己激活，才能激励整个团队。我所总结的"团队领导者如何实现自我激励"究竟有什么价值？下面进行详细解释。

1. 自知为明，要事第一

"知人者智也，自知者明也。"正确地认知自己，是实现自我激励的第一步。认知自己有时候甚至难于认识别人，因为我们的内心容易受情绪的影响，不能够平静客观地看待自己。发生了好事就骄傲，遭遇了坏事就沮丧，时而自负，时而自卑，无法找准自己的位置。因此，我认为有自知之明，保持谦虚和自信，并知道自己能做什么、不能做什么，勇于面对自己的不足，然后持续成长，是一个领导者首先应当具备的素质。

2. 全神贯注，心流涌动

在心理学中，心流是指你在做某件事时产生的心潮澎湃的感觉，心流涌动时，你会喜悦、享受、忘时、忘我。回想一下，你曾经在什么时候、做什么事情时有过这种感受呢？我记忆最深刻的心流时刻，就是我在主持公司每年的颁奖盛典的时候，每当讲到伙伴们的先进事迹时，我可以做到完全脱稿、一气呵成，而且常常把自己感动得热泪盈眶。

《心流》这本书的作者告诉我们：当我们全神贯注地投身于某件事情时，我们就能享受到心流涌动的感觉，这种全神贯注能激活我们的能量、创造幸福感。就像我们跟小孩子一起玩游戏，当大人以一个旁观者的身份看待这个游戏时，会觉得特别无趣，可是，当我们放下身段、敞开怀抱、全身心投入进去时，却是如此开心，仿佛自己又回到了童年。是全神贯注的投入让事情变得更有趣，让自身的能力得以发挥。

3. 我是一切的源泉

《孟子·离娄上》有言："行有不得，反求诸己。"这句话就是"我是一切的源泉"的原版。稻盛和夫把人分为三种类型：自燃型、助燃型和阻燃型。自信、自立、自强并不是人人都拥有的美好品质，只有真正相信自己的自燃型人才，才能够时时反省、事事自律、自我激励、成就自我。每个人都是一座活火山，每个生命都蕴藏着无限的可能。人性既有懒惰懈怠的一面，也有积极进取的一面。正负所在皆为一体，是善是恶，是勤奋还是懒惰，是积极还是消极，皆取决于我们自己。

兵熊熊一个，将熊熊一窝。团队领导者是不是自燃型的人才，能不能激活自己、身体力行、为伙伴做出榜样，同时激活团队、激活市场，是营销团队成败的关键。我庆幸谢老师是我的团队领导者，她孜孜以求、率先垂范；我也庆幸自己是自燃型的个性，常常能够自我激励、勇往直前。

每个人都是自己的领导者，请记得：我是天才的自己，我是一切的源泉！

激励营销之如何激励落后伙伴

社会文明的标志是什么?答案有很多,争论也有很多,但其中一个答案被大多数人认同,那就是"关注弱者"。一个营销团队的健康成长,也应该关注弱者。其实,所谓的强弱是发展变化的,在营销激励中,我相信"激励到家,铁树开花"。

在我的营销团队中,有这样一位"阿甘式"的伙伴,他在2012年加入我们团队,连续六年业务成绩不达标。后来,他在家人的支持下,在团队的影响下,在我的激励下,销量年年攀升,2019年超越了团队的平均业绩,2020年夺得了我们所在区域的一季度大单品冠军。他的故事验证了铁杵磨成针的可行性,证明了平凡人也可以创造不凡的壮举!这位伙伴所取得的成绩,是我从事营销工作以来最欣慰的犒赏!

英雄不问出身,在我的营销团队中,像这样的营销伙伴并不是个例。他们有的是低学历,有的是外行人,有的是半路出家,也有的是举债相投,他们带着命运赐予的剧本,顽强倔强地改写着自己的命运,通过不懈的努力,超越了很多原本拥有高学历、高起点的伙伴。我从不挑选团队中的任何人,因为我就是万千小人物中的一员,我相信我和我的伙伴们都可以通过自己的奋斗、相互的鼓励、持续的学习,获得属于自己的优异成绩。

那么,我们该如何激励落后伙伴呢?我总结了几点。

1. 助人为乐

做营销是为了赚钱,但是对于有些伙伴,我把他们拉进团队的初衷却并非如此。开发市场时,我接触到了一些起点很低的人,在我们这个行业里苦苦探索,却始终不得出头。我看在眼里,发自内心地替他们着急,基于对企业和品牌的信心,我带领着这些伙伴从事了绿叶事业,希望帮助他们走出困境、找到自我、扬眉吐气，在新的起点上重新出发。

2. 因材施教

被我拉进团队的那些伙伴渐渐地超越了原来的自己，超越了曾经的榜样。在帮助落后伙伴提高业绩的过程中，我采取了因材施教的策略，有针对性地指出了他们各自的问题。比如，有的伙伴业绩不好，是因为坐在家里胡思乱想，不下市场，不主动联系客户；有的伙伴是因为产品知识没有掌握透彻，专业功底不扎实；有的伙伴则是因为不能专心专注地投入精力，受到的诱惑太多，每天都很忙碌，但效率却不高……当局者迷，旁观者清，真正了解了他们的工作状态，并有针对性地提出解决办法，才能真正帮助他们改变现状，提升业绩。

3. 用人不疑

既然选择了与这些伙伴携手同行，就一定要坚定地相信他们。不得不说，刚开始邀请他们加入团队的时候，我只是抱着试试看的心态。但事实证明，没有一个人是甘于落后的，没有一个人不渴望优秀。培养营销人和培养孩子的道理一样，只要不断地用正确的价值观影响他、无条件地相信他、持续地鼓励他，最终他都会做到，只是时间的早晚。

团队成员偶尔也会犯错，此时，团队文化的影响和团队领导者对成员的信任，就显得尤为重要。我相信人的本意是向善的，也相信良好的团队文化可以激发团队成员"知善知恶"的良知。对于团队的领导者来说，伙伴犯错时，才是考验领导力的时刻。在一个人不犯错时，选择信任是容易的，而在一个人犯错时还能选择信任就显得格外珍贵。这并非纵容，而是给予对方一个重新认识自己的机会。

人非圣贤，孰能无过，没有人能在工作中百分之百地正确或百分之百地无私。相信信任的力量可以激活人性的光芒，只有你真正相信你的伙伴，给予他们足够的信任时，他们才能够创造出奇迹。

4. 循序渐进

有人问巴菲特："你告诉了很多人赚钱的秘诀，但为什么还是没有人能像你一样富有？"巴菲特回答说："因为没有人愿意像我一样慢慢变得有钱。"

急功近利是很多人的弱点，而我们要做的正是克服弱点，修炼自身的品格。营销工作是离成交最近的工作，是离利益最近的工作，也是最考验人性的工作。急躁是愚蠢的先兆，而耐心永远是培养一个人时最宝贵的东西。笨鸟先飞、勤能补拙，只要出发点是好的、方法是对的，那么，不妨给暂时落后的伙伴多一些耐心和时间，他们一定会还你一份惊喜。

激励营销之如何激励女性伙伴

职业女性迎来了最好的时代。我们现在所处的时代又叫"她时代"，因为女性在各行各业都发展得越来越好。在营销行业，也有很多女性摆脱了传统观念的束缚，逐渐让自己从家务的中心向事业的中心靠拢，她们爱家庭、爱工作、爱学习，勇敢向前，成就了更好的自己。

在营销工作中，女性有着感情细腻、亲和力强等许多优势，她们更容易发现客户的潜在需求和成交契机。在我的营销团队中就有许多优秀的女性伙伴，她们曾经日复一日地过着"锅台转+看门店"的单调生活，自从参加了公司组织的经理人学习班之后，她们"习惯优秀，追求卓越"的意识被唤醒，从此向职业经理人的身份迈进。转换身份后，她们的精神面貌焕然一新，赢得了鲜花和掌声，巾帼不让须眉。

激励团队中的女性伙伴做出好业绩、获得事业的成功，首先必须要让她们拥有向前一步的勇气和信心，请告诉你的女性伙伴们：

（1）如果你是因为恐惧改变才选择了现在的生活，请你鼓起勇气，向前一步；

（2）你的父母、学校和老师，为你付出了不亚于同龄男性的投入和教育，你应当把他们的辛勤培育和自己的聪明才智运用到真正有意义的事情中；

（3）当你参与工作后，家庭的抗风险能力会得到提升，你的另一半也能有更多机会迈入家庭，你们可以并肩作战，比翼齐飞；

（4）你是孩子的榜样，当你拥有勇气和自信时，孩子也会因为你而变得充满自信；

（5）你可以边做边学，不必害怕，有我、有团队在，我们一起努力。

除了勇气和信心，我们还要帮助工作中的女性伙伴养成终身学习的习惯，提升工作能力。

巴菲特和他的搭档查理·芒格是世界上所有渴望成为超级富豪者的偶像，人们仰慕他们的巨大财富，但是又有多少人愿意坚持他们所推崇的终身学习呢？查理·芒格说，他的家人形容他是行走的书柜。他自己总结，通过终身学习，他逐渐掌握了150多种思维模型。

销量增长没有捷径，能力都是历练出来的，业绩都是打拼出来的，才干都是积累出来的，平常人只有坚持做出了不平常的努力，才可以从普通转化为优秀。每个人都是一座金矿，蕴藏着无限的生命光芒。大多数人无意识地习惯着失败，所以成功便成了少有人走的路。

在团队中营造学习的氛围至关重要，说到这里，不得不感谢我们的团队领导者，也就是本书的作者。当初，她提出了创办"绿叶学院"的想法，而数百位学员的食宿差旅费用都需要公司一并承担，花销不菲，很多人都质疑过，付出这样的代价培养经销商到底值不值。而她在这个问题上没有丝毫犹豫，年年开班，一年四期课程，一直延续到今天。经过我们的统计，凡是参加过绿叶学院学习的伙伴，90%以上的人的业绩都得到了大幅度提高，甚至翻番。终身学习不仅使大家的工作受益，还让大家的家庭受益，它让绝大多数学习者都获得了前所未有的信心，放大了不曾敢想的目标，取得了异乎寻常的成绩。

荀子曰："学不可以已"。庄子曰："吾生也有涯，而知也无涯"。孔子曰："学而不已，阖棺乃止"。有智慧的古人写下了一篇篇劝学的佳作，都是在告诫我们：没有一本万利的知识，要有终身学习的思维。学习是一种权利，也是一种快乐，不要轻易放弃学习，因为放弃学习便意味着放弃成长。

职业女性要追求的事业与家庭的平衡，是一种动态的平衡，并不是每时每刻的完美。女主内、男主外的传统家庭分工模式，限制了女性的聪明才智在事业上的发挥，营销女性一旦走出家门，有了和男性一样的事业机会，就能开阔视野、大有所为。真心希望每一位敢想敢为的女性都能有机会去做自己想做的事业，圆自己想圆的梦想！

职业信仰激发，业绩芝麻开花

人民有信仰，民族有希望，国家有力量。信仰决定了人的价值取向，决定了人的生活方式，决定了人的精神面貌，信仰是人一切行为的出发和归宿。

"未来的中国是一群正知、正念、正能量的人的天下，真正的危机不是金融危机，而是道德与信仰的危机。"职业是社会赋予的一项使命，是成就自我的一个愿景，也是人生选择的一种价值观。当一个营销人具备了坚定的职业信仰时，才能真正激发出自己无穷无尽的生命原动力，爱工作、爱客户、爱生活、爱自己。我相信，人只有在爱的驱动下，才更愿意去主动进取，业绩也才能像芝麻开花一样节节高。

各行各业的人，一旦做人的信仰缺失，做事的底线就会丧失。职业信仰的激发是一项艰巨且漫长的工程，这项工程考验着团队领导者的耐力，并非做几场培训就能搞定的。职业信仰的激发开关只有一个字——爱。爱是唯一理智的行为，人人都渴望被爱。如果一个团队领导者不真正关心团队成员的前途，那么这个团队就是没有前途的；如果一个营销人不能发自内心地关爱其客户的利益，那么他的业绩提升也是困难的。

在我的团队里，有一位年近古稀、德高望重的李臣英老师，他的工作业绩十分优异。李老师是在临近退休的年纪才加入我的营销团队，但是李老师的职业信仰坚定不移，他确定的事业目标是：退休后二次创业。退休前一年，他考取了国家执业兽医师资格，立志把平生所学奉献给社会。本是衣食无忧、颐养天年的年纪，却在腿疼时还拄着拐杖参加学习，十年间，公司组织的课程培训无一场缺席。2020年7月1日开始，饲料端全面禁抗，李老师在一个月内组织召开了十场技术科普会，三伏天里兢兢业业为农民朋友耐心传授健康养殖的系统技术。李老师曾经豪迈地感慨："六旬老兵壮志酬，敢把绿叶写春秋。千难万险无所惧，保健养猪笑九州。"从李老师身上，我们看到了一位真正具有职业信仰的基层畜牧人的淳朴善良和绝代风华。

信仰是灵魂，是道路，是希望。职业信仰之于营销精英，就像灯塔之于夜航、卫星之于火箭。职业信仰的激发让营销人可以清晰地找到自己的使命、愿景、价值观，并将其协同起来。

企业破局之道——战略大单品打造

近几年，"战略大单品"逐渐成为各行业的热词，引起越来越多的企业和营销人员关注，也有越来越多超乎想象的战略大单品案例和数据颠覆着我们的营销认知。

iPhone 的推出使苹果公司迅速崛起；

老坛酸菜牛肉面使统一企业销售额暴增 2000%；

六个核桃撑起了养元饮品近 99% 的营业收入；

聚焦于王老吉战略大单品，使加多宝创造出了 200 亿的营销奇迹；

……

世界 500 强企业中，超级单品销售额占总销售额 95% 的企业有 140 家之多。诸多战略大单品成功的案例，让大单品战略逐渐成为业界关注的焦点。各行各业中无处不在的战略大单品告诉我们，战略大单品的营销时代来了！

洞察时代，探寻本质，是营销人立足市场的根本。战略大单品在这个时代被推崇，成为营销热词，其底层逻辑到底是什么？这是我们作为营销人需要解开的谜底，也是我们充分认识战略大单品、成功打造战略大单品最核心的一个步骤。

我们所处的这个时代处于消费升级的大风口，这个时代的消费者正在悄悄地改变，这个改变的原动力来自于消费者需求。马斯洛需求层次中，人的需求由生理的需求、安全的需求、归属与情感的需求、尊重的需求、自我实现的需求五个等级构成。之于个人，随着一个需求的满足，也会诞生更高层次的需求，这便是一个人的需求升级。之于社会，当个人的需求阶段达成社会共性的时候，人们需求层次的整体提升就带动了社会整体消费向更高层次演进，进而带来社会性的需求升级，也就是社会性消费升级。

消费升级是消费结构升级，是各类消费支出在消费总支出中的结构升级和层次提高，这必会促使各行业进入新一轮的洗牌期。消费升级也是消费者意识的递进、消费观念的升级，这也迫使各行业进入新一轮的营销再探索期。

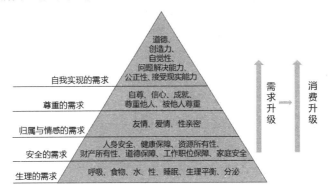

在这样的时代大背景下，战略大单品应运而生。

战略大单品让营销回归产品本质，是促进市场细分、拉动市场需求的需要；战略大单品强势拉动企业品牌，量利兼得，是企业在变局中实现突破的需要；战略大单品改善消费者的消费体验，是满足消费者核心需求的需要。

"彼不先审天下之势而欲应天下之务，难矣！"顺应趋势，因势而谋，才能谋定而后动，抢占先机；顺势而为，乘势而上，才能抓住机遇，成就伟业。在新一轮消费升级大势之下，又一轮中国红利正在向中国数千万企业迎面走来，而战略大单品也必将能够在这个新消费时代的广阔天地大有所为。

战略大单品的定义及意义

大单品，顾名思义，就是销量大的产品。单纯从"大"字上理解，大单品是通过一定的营销战术所呈现出的一个大销量产品。但是大单品又绝非一个"大"字能简而概之的。它的真正意义应在"战略"层面，是一种从全局考虑，谋划实现全局目标的营销规划，是一个企业在某一个较长时期为实现企业突破式发展所制订的大单品打造规划，其对企业的综合竞争力、品牌价值、行业地位以及行业升级都具有战略意义。

首先，战略大单品能够带来强势品牌。品牌力是确保利润最大化的资产，而强势品牌是由强势产品所创造的。在消费结构升级的大潮中，强者可以变得更强，而弱者也可以变成强者，其核心点就是产品力的提升，也就是战略大单品的打造。

对于弱者，想在产品同质化严重、产能普遍过剩的产业环境下取胜变强，艰难程度可想而知。而在消费结构升级的大背景下，消费结构性分化将愈演愈烈，升级的消费需求诞生了众多的细分领域，这将是弱者变强的大好时机。一个细分领域的大单品足可以成为细分领域的领导者，推动企业成为业界第一的企业。因此，战略大单品的创新与经营打造是大部分中小企业实现突破的重要战略方向。

对于强者，有足够的资源优势和品牌优势，借助战略大单品的打造可以实现增长的驱动力，持续领跑。

对于传统渠道模式或互联网销售模式，实体和虚拟店铺都要靠产品维系用户，店面品牌也是由产品品牌累积而成。你手里是否有一个响彻市场的大单品品牌，对店面品牌有重要影响。

其次，战略大单品可以强势引流。大单品可以进行精准的差异化定位，聚焦一类客户需求，并聚集优势资源与全部精力，提升服务品质，成为客户心中首选，帮助企业成功突破强大对手的竞争壁垒，带来专属客户流量。

大单品在细分领域的霸主地位，源于它创造了一批客户。客户是各种需求的综合体，超竞争时代，客户有限但需求无限，正是战略大单品的打造，才让企业走出竞争泥潭，创造出一个又一个无竞争的蓝海。

最后，战略大单品可以带来大效益。大单品的规模性让其边际成本大幅降低，甚至趋零，并且此规模性易使其成为工匠产品，精益求精。一个企业生产和销售某种产品越多，它就越有实力更好地生产这种产品，进一步强化量利兼得的销售局面。战略大单品是创造规模经济的有效途径。

战略大单品的设计要素

不是每款产品都可以成为战略大单品。战略大单品仿若一个鲜活的生命，具备特殊的性格与基因。产品设计者将自己的思想和理念赋予产品，使产品具有个性，这个个性包括产品所暗示的使用者（用户）的个性、产品的品位、产品中暗藏的逻辑，以及产品所包含的设计美学等特点。具体来讲，这种性格体现在四个维度，如下图所示。

第一维度是产品内核，也是产品维度中最核心的部分。 产品内核就是消费需求点，是消费者真正要购买的利益，即产品对于客户的使用价值。产品来源于设计师，但战略大单品一定来源于消费者，因为它是依据消费者的立场所诞生的。因此，发现并满足客户的需求或潜在需求，甚至引领客户需求，是将产品打造为战略大单品的必要条件。

产品内核，就是在对消费进行结构性分化的过程中，通过消费群体细分、需求细分、使用功能及场景细分、价格带分析等方式，找到的一个突破点。

20世纪八九十年代，提到洗发水，大家唯一能想到的牌子只有蜂花。在这样的市场情况下，宝洁公司进入大陆市场，以"去屑"为功能特点推出海飞丝，迅速占领了中国去屑洗发水市场的霸主地位。这就是典型的使用功能细分。

1992年，舒肤佳进入中国市场。但早在1986年进入中国市场的力士已经占据了香皂市场，后生舒肤佳却在短短几年时间里，硬生生地把力士从香皂霸主的宝座上拉了下来。根据2001年的数据，舒肤佳市场占有率达41.95%，比位居第二的力士高出14个百分点。舒肤佳的成功有很多因素，但关键的一点在于它找到了一个新颖而准确的"除菌"概念。这也属于通过使用功能细分而引爆市场，成功成为大单品的案例。

从上面的案例我们可以知道，产品内核就是一个精准的概念定位，即哪些特定的人使用，或使用哪些功能，或在什么场景下使用等。

第二维度是产品周围，也是实质的产品，包括产品的设计、特性、包装、品质等。打造大单品要深入分析产品外观、形式与目标消费者的需求偏好的契合度，并在产品配方、产品品质等方面精益求精，匠心打磨，给产品在消费者心中的完美度加分。

以产品包装为例，营销心理学中有一个著名的"感知转移"定律，这个定律由20世纪的市场营销大师路易斯·切斯金提出。所谓的感知转移，是指消费者在考虑是否要买某件商品的时候，会在无意间将自己对商品包装的感知和印象转移到商品的本身。我们的潜意识是无法区分对待商品本身与商品包装的，比如，我们会理所当然地觉得又大又红的苹果会更甜。切斯金做过一个实验，拿两个完全相同的商品，连包装也一样，但一个盒子上印刷的是三角形，另一个盒子上印刷的是圆形，约80%的被测试者选择了印刷圆形的商品，约20%的被测试者选择了印刷三角形的商品。差别如此巨大，仅仅是因为圆形更受大众喜爱。

所以在诸如产品包装在内的每一个细节上下功夫、做创意，成就一个完美的实质产品，是非常重要的。战略大单品的打造永远不是一种偶然，而是众多成功因素共同组成的一种必然。

第三维度是产品外延，即扩大的产品，包括期望产品和附加产品。

期望产品是消费者在购买产品时附带获得的各种利益的总和，包括产品配送、交期、说明书、保证、安装、维修、技术培训等。这些均在无形中影响着消费者的决策。比如，在京东商城购买商品可以实现次日达或当日达，满足了消费者在配送方面的期望，收获了一批"铁粉"。

附加产品往往指产品提供的超出消费者期望的服务或者价值，包括产品引发的情感共鸣、代表的思想理念和生活方式，以及独特的产品服务等，都是高于产品使用价值的一部分，构成了产品的独特性及不可替代性，不仅能提高产品的利润率，往往也能直击消费者内心，给客户更多的感动和惊喜。

比如洋河蓝色经典系列的广告语："世界上最宽广的是海，比海更高远的是天空，比天空更博大的是男人的情怀"，让这瓶酒从一个冷冰冰的商品，升华为一个有温度、有感情的文化产物，引发消费者的情感共鸣。又如社区里那些增加了代顾客收发快递服务的便民超市，大幅提高了对顾客的附加值，并通过这种方式成功引流，在短时间内打破竞争格局，实现利益增长。

第四维度是产品潜在，对于战略大单品，这个维度的含义是产品在未来的成长潜力或进化空间，抑或是在未来长期满足客户不断升级的需求的能力。战略大单品不仅应是畅销品，更应是长销品，但是产品的生命周期似乎是每一个产品的生命魔咒，而打破这个魔咒的方法就是用超强的预测能力与长远的战略眼光去挖掘客户的需求趋势，让产品的升级路线与之匹配。用户总会有新的需求，好产品不仅是从无到有的创造，也是从有到优的迭代，这应是战略大单品必备的一个产品维度。

基于以上四个产品维度的分析我们可以知道，优秀的产品绝非偶然，每一个战略大单品之所以能够成就神话、创造巅峰，是因为它独具"畅销基因"。

打造战略大单品的关键点

打造战略大单品，很多企业还没有开始就已经输了。

战略大单品有别于普通单品的根本，是其战略高度。因此，顶层设计是战略大单品成败的关键，战略大单品必须从企业的战略规划层面进行考虑，由系统的战略和战术组成，而不是简单的产品补缺或把一个产品的销量做大的短期行为。对战略大单品的曲解或缺乏深刻的理解，均会将战略大单品扼杀在萌芽状态。

心有多大，战略大单品就有多大！经营者认知格局的限制性，注定会让"战略大单品"输在起跑线。战略大单品需要我们有"不问我的一双手能干多少件事，唯问移泰山需要多少双手；不问我的一盏灯能照多少里路，唯问照亮天下需要多少盏灯"的大胸怀与大格局，也需要我们有坚定如一、矢志不移的信念。这份信念会带领我们超越一切困难，一路披荆斩棘，穿越黑暗，到达黎明。

战略大单品的打造方法

接下来谈谈战略大单品的打造方法，以4C营销理论为主线，让战略大单品从理解客户需求到走进客户心里，实现完美跳跃。

4C营销理论的概念。

4C分别代指Customer(顾客)、Cost(成本)、Convenience(便利)和Communication(沟通)。

Customer(顾客)主要指顾客的需求。企业必须先了解和研究顾客，根据顾客的需求来提供产品。同时，企业提供的不仅仅是产品和服务，更重要的是由此产生的客户价值。

Cost(成本)不单是企业的生产成本，或者说4P中的Price(价格)，它还包括顾客的购买成本，同时也意味着产品定价的理想情况，应该是既低于顾客的心理价格，亦能够让企业有所盈利。此外，这中间的顾客购买成本不仅包括其货币支出，还包括其为此耗费的时间、体力和精力，以及购买风险。

Convenience(便利)即为顾客提供最大的购物和使用便利。4C营销理论强调企业在制订分销策略时，要更多地考虑顾客的便利，而不是企业自己的便利。要通过好的售前、售中和售后服务，让顾客在购物的同时也享受到便利。

Communication(沟通)则被用以取代4P理论中对应的Promotion(促销)。4C营销理论认为，企业应通过同顾客进行积极有效的双向沟通，建立基于共同利益的新型企业、顾客关系。这不再是企业单向的促销和劝导顾客，而是在双方的沟通中找到能同时实现各自目标的通途。

依据这套理论，我们将战略大单品的打造方法分成以下几个步骤。

1. 产品策划

产品策划也就是产品研发策划,是打造战略大单品的第一步,实现产品从无到有。

依据企业情况,产品策划分为两种情况,一是新创产品,即全新产品;二是在企业原有的产品群中挖掘出有潜力成为战略大单品的产品,虽然是既有产品,但要分析、判别、筛选出这个产品,并给这个产品贴上要打造为战略大单品的标签,所以也属于从无到有,这就像是一种重生的仪式。当然,不管是新创还是筛选,都要以上面讲到的战略大单品的设计要素为标准来进行,在这个过程中要重点思考两大问题:**我们要把产品卖给谁;我们的目标客户有哪些需求没有被满足,或者他们的需求当前发生了哪些变化,以及未来会发生哪些变化。**

这两个问题其实就是要解决4C营销理论中的"顾客"方面的内容。我们要明确地定位顾客、定位需求,由此决定产品的方向。这个方面可以重点考虑以下两个策略。

(1)超竞争躲避策略:与同类产品进行差异化的功能定位创新。比如,在洗发水品类中,宝洁创新出海飞丝——"去屑"的洗发水、飘柔——让发质更柔顺的洗发水,避开海量洗发水的竞争市场,成为领导品牌。

(2)引导消费潮流策略:开辟创造新品类,特别是对于快速成长的中小型企业,用创新引导消费潮流,是打破"巨头"垄断的最好手段。比如香飘飘开创杯装奶茶品类,王老吉开创灌装凉茶品类。

2. 产品打磨

产品打磨即要对产品进行反复锤炼、锻造,不惜投入,做到让消费者对它爱不释手、赞不绝口。

产品不仅是消费者需求功能的载体,也是连接情感的桥梁。在消费升级的大潮下,消费者的消费心理在发生变化,当买一件衣服、一瓶纯净水、一部手机或一辆汽车时,是这些物品所具备的功能在促使消费者购买,还是感性因素?

很显然，它跟消费者的需求匹不匹配、能不能让消费者产生愉悦感，才是消费者在做购买决策时最重要的影响因素。所以，功能之外的部分，也就成了战略大单品成功的重要因素。即使一个商品属于新品类，功能特权让消费者别无他选，也需要我们对它进行情感附加，给消费者更多的超值感，这个产品才会真的火起来。

产品的情感附加并不是虚无缥缈的东西，而是体现在产品的每一个设计细节之中。要下功夫把产品做到极致，像打磨艺术品一样做产品，不仅要对产品原材料、生产工艺、质量控制、稳定测试等各方面精益求精，也要对产品周围及外延方面进行创新、打磨，力求做到最好。

请想一想：客户为什么愿意买我们的产品，而不是买别人的？从产品内核到产品功能、包装、价格、附加值等方面，能否找到一个打动客户的价值点，给客户一个非我不可的理由？

在此为大家提供几个产品打磨、增加情感附加的策略。

（1）**重视体验**：客户体验是指客户亲身体验与产品相关的要素，无论是试穿、试吃还是试用，均是客户体验，这是让客户感受到产品好处的有效方法。客户体验感是客户在使用产品过程中建立起来的一种纯主观的感受，这种感受贯穿于整个客户周期流程（了解、深度了解、购买、使用、重复购买等）。决定客户体验感的因素往往有"实"和"虚"两面，实是指产品和一切与产品相关的看得到、摸得着的东西（如产品、包装、说明书等）；虚是指服务（如讲解、售后、维修和咨询服务）、关系（包括各种加强客户关系的手段，如金牌会员等）、价格体系、便利性等。

"爱干净，住汉庭"，一句口号开创了汉庭的蓝海战略，全国开店 2500 余家，成为国民出行的首选酒店。当然，汉庭的成绩绝不仅仅是一句口号这么简单。将"爱干净，住汉庭"化为一个战略、一个行动，推出酒店干净评级体系，将工匠精神注入对清洁师的专业培养中，使汉庭给客户带来实实在在的"干净"与"舒适"体验，才是汉庭成功的根本。2020 年新冠肺炎疫情暴发后，消费者对酒店的卫生安全标准有了更高的要求和期待，汉庭即推出130项深度清洁标准，再创行业先例。落实130项清洁相关细节操作，确保客户安全，让客户体验也全面升级。

支付宝上市之初，曾花费巨大的资源留住用户，但交易成功率一直在60%左右徘徊，经营队伍曾一度陷入迷茫。其实这一问题的根本原因就是客户体验差，在使用支付宝进行支付时必须开通网银、只能使用IE浏览器、操作步骤烦琐等，整个支付过程需要消耗大量时间与精力，客户处于崩溃的边缘。马云也因此在企业内部大会上痛骂支付宝：用户体验烂到极点！2013年，支付宝推出快捷支付新理念，操作方便，只需银行卡信息、身份信息和手机或电脑就能支付，没有大量的页面跳转，具有方便、快速和安全的特点。这意味着原本耗时良久的支付流程，通过快捷支付，几秒就可以完成，大大提高了操作的便捷性。借此举措，支付宝的交易成功率大幅提升至95%以上。

（2）**重视美的创造**：爱美之心，人皆有之，对于美好事物的向往是人之常情。在这个"颜值经济时代"，无论是产品的外观、构件，还是产品包装、说明书等，都需要匠心设计，给客户美的享受。

（3）**客户参与**：在讲到战略大单品设计要素时说过，产品来源于设计师，但战略大单品一定来源于消费者，它是依据消费者的立场所诞生的。消费者不仅是产品的购买者、使用者，更是产品最好的设计师。小米通过小米社区让消费者参与到小米手机生产的各个环节，大量的粉丝讨论、"吐槽"，成为小米发现客户痛点与需求点的窗口。以终为始，是产品设计应有的基本思维模式，而"终"就是消费者，消费者的参与一定会让产品更符合市场的需求。

（4）**啊哈时刻**："啊哈时刻"由德国心理学家卡尔·布勒提出，他将其定义为：思考过程中的一种特殊的、愉悦的体验，其间你会突然对之前不明朗的某个局面产生深入的认识。在营销中，啊哈时刻就是消费者在消费体验的过程中感到兴奋的一个点，这个点给他眼前一亮、超值、超赞的感觉，以至于心被触动，甚至引起震撼，不由自主地发出"啊哈"的声音。这是产品自传播能力的重要激发点，也正是这个时刻下的体验，让准客户快速成交，让早期用户转变成产品的超级用户和传播者。

比如 OPPO 手机，"充电五分钟，通话两小时"，完美击中消费者痛点。区别于过往充电频繁、电量尴尬的手机，快速充电使消费者有了一种别样的体验。因此，打磨产品的过程中，一定要重视对"啊哈时刻"的创造，可以通过加强与消费者交流来找到产品的"啊哈时刻"，并将这个时刻持续优化。

心理学上还有一个概念叫峰终定律，是指一个人在消费或体验一个事物的过程中，在高峰时的体验和结束时的体验，决定了他对这个事物的评价。比如，我们愿意半夜排队等待 iPhone 新机上市开售、在炎炎烈日下体验长隆欢乐世界的垂直过山车、饿着肚子等座吃海底捞等，纵然过程比较艰辛，但是当我们体验到产品的那一刻，能够从中获得极致的快乐和享受，这些感受才会让我们对整个体验过程留下深刻的印象。

"啊哈时刻"和"峰终定律"有异曲同工之妙，产品满足客户需求、让客户觉得超值并为之动情的关键点，是我们应该下功夫去研究的。

（5）**定价策略**：价格也是打磨产品时需要细细斟酌的因素，它很大程度上决定了消费者是否愿意购买。应当根据目标客户的消费力和购买力，以及要对标的竞争企业，制定出一个有竞争力的产品价格，在销量与利润之间找到一个平衡点。既能促进销售，又能获取利润，是定价策略的指导原则。这要求企业既要考虑成本补偿，又要考虑目标客户的接受能力，同时还应当考虑企业在不同时期的优劣势对比。它既是买卖双方双向决策的过程，也是与同类竞争产品之间相互博弈的产物。

3. 产品销售

经过足够专业、足够用心的产品策划和产品打磨，已经完成了战略大单品迈向成功的一大步。接下来我们要做的，就是举全企业之力，把我们的设想落地，把这个好产品卖好、卖火。

（1）**宣传造势**。宣传造势是指利用媒体工具、热点事件等，轰炸式地宣传产品及其上市信息,让宣传覆盖区域的目标客户广为知悉,提高产品知名度,为产品上市摇旗呐喊、鸣锣开道。

《孙子兵法》有云:"激水之疾,至于漂石者,势也。"意指湍急的流水之所以能漂动大石,是因为它产生的巨大冲击力。造势就是要用迅雷不及掩耳之势,在最短的时间内达到最大的宣传效果。

1999年5月,呼和浩特一夜之间出现了500多块蒙牛的宣传牌,上面写着"发展乳品行业,振兴内蒙古经济",下面写着"创内蒙古乳业第二品牌"。此举一发,势不可挡,在第一年就为蒙牛创下了3700万元的销售额。2005年,蒙牛"酸酸乳"斥巨资冠名"超级女声",并邀请超女季军张含韵作为产品形象代言人,领唱广告歌曲《酸酸甜甜就是我》,红遍大江南北。另外,蒙牛优化包装,在每一瓶"酸酸乳"包装上都印上了"超级女声"的字样。一时间,蒙牛借超女之势,半年内便打开了全国市场,蒙牛酸酸乳产品的销售额也从2004年年底的7个亿,飙升到2005年8月份的24个亿,创造了营销神话。

(2)**单点突破**。对于资源有限的企业来讲,将有限的人、财、物等资源集中在最优质的市场(可以是局部市场区域,也可以是某个应用领域),实现强势登陆,启动并做好第一批高质量渠道和终端,充分发挥其示范效应,在此基础上以点带面,迅速推广复制,实现产品销量的指数级增长。

2001年,蒙牛率先倡导将呼和浩特建设成为"中国乳都",将企业发展与地方经济紧密结合。同年,蒙牛销量快速上升至第五位,并在内地乳品市场的制高点——上海,跃居为"外埠牛奶第一品牌"。2003年4月,经过多次严苛检验,蒙牛牛奶从众多品牌中脱颖而出,被确定为"中国航天员专用牛奶"。随着"神舟"升天,蒙牛也开始了在行业内的领跑,液态奶成为全国冠军。2006年10月,蒙牛一举夺得被誉为全球乳业"奥斯卡"的IDF世界乳业创新大奖,为中国乳业赢得首枚世界金牌。同年,蒙牛与香港迪斯尼乐园联盟,成为香港迪斯尼乐园唯一奶制品供应商,并入选"亚洲品牌500强"。蒙牛从局部扩大到全国,进而走向世界,一路如猛虎下山般势如破竹。

王老吉凉茶曾经集中优势资源主攻餐饮市场这一制高点,大力宣传其凉茶的降火功效,并成为热衷于吃火锅、川湘口味辣菜的广大消费者最为喜欢的饮料,让"怕上火,喝王老吉"的广告语无人不知,进而一举打开了全国市场。

(3)**渠道为王**。渠道是连接、承载产品和服务的桥梁,是企业把产品向消费者转移的过程中必经的路径。渠道的规模与效率是战略大单品一路顺畅的关键。在渠道规模方面,应做到将传统渠道与线上渠道两手抓,建设全渠道局面。但渠道定位需明确,根据产品特质,确定是"线下引流线上"还是"线上引流线下",一个成交为主,一个引流为主,相辅相成,促进成交。抑或是采取差异化运营策略,线上线下采取不同的产品形式、定价、促销等策略,共同助力单品做大做强。在渠道效率方面,做好利润分配、政策及服务支持、培训考核及标准制定,不仅要让渠道的每一个环节都愿意卖产品,还要会卖产品;不仅要让渠道中的每一个环节相互协作,还要让他们形成命运共同体的意识。

(4)**客户沟通**。有效、持续、有力的客户互动与沟通,能够形成忠实的"粉丝群"。首先,互联网突破了时间和空间的束缚,让企业与客户之间、客户与客户之间能够便捷、有效地进行互动与沟通,这也给了战略大单品保持持久活跃度与生命力的无限可能。产品与销售策划环节,应重点考虑与消费者互动时的娱乐性和社交性,有料有趣,让消费者愿意"发圈""拍段子",去"晒"去传播。其次,有效的客户沟通,也包括全面了解客户对产品的使用状态,以及广泛收集客户投诉信息,这是挖掘客户潜在欲望及客户痛点的重要方式,也有助于产品的持续改进及生命力的保持。

4. 产品进化

无论产品在前方卖得多火,企业在后方都要静下心来打磨产品。持续创新与升级是抗衡产品生命周期的唯一有力武器,太多的产品从盛到衰,就是因为升级乏力,从而不能持续满足客户需要所致。

品牌需要时间积累,"粉丝"也需要时间积累。要想让战略大单品立于不败之地,就要持续关注客户的体验感和需求变化。合适时机的产品迭代升级,是让客户获得持续满足感、产生持续购买行为的关键点。

微信一开始只是一个社交工具，从最初的免费发文本信息和图片，到语音功能和"查找附近的人""扫一扫""服务号"等功能，再到"朋友圈""公众号""扫描二维码"等功能，后来又相继推出微信红包等一系列功能，让用户在使用微信的时候，有更多惊喜、更多体验、更多需求被满足，甚至超越了用户期望，形成了庞大的功能群。于是用户把更多时间花在使用微信上，微信也彻底改变了人们的生活方式。

战略大单品的竞争策略

战略大单品在上市之初，它的竞争优势主要源于它在某个细分领域创造了独一无二的价值，人无我有，从而形成了自己的核心优势。但是，凡是有利可图的地方就一定会有竞争对手的出现。随着产品销量的提升和知名度的提高，同类竞品会通过各种方式来抢占市场，吃掉先行企业的利润。这种局面是一定会出现的，事实上，这种情况各行各业都有。

那么，该如何应对呢？下面分享几点战略大单品的竞争策略。

（1）在对手还没有跟进前，在产品尚具有独一无二的优势时，把价格定高，把销量做大，为企业赚取合适的利润、积累足够的资本。同时，确立该品类或者该行业的标准，成为标准的制定者。

（2）根据产品生命周期的规律，当一个产品进入增长期后，丰厚的产品利润及一定的消费者基础，会吸引其他企业跟随、模仿。但先行企业的产品因为具备了一定的规模效应，因此有足够的价格空间迎战竞品的攻势，对竞争对手进行降维打击，将竞品的客户尽收囊中。

1992年，汇源果汁在国内首次推出百分百纯果汁饮品，实现了市场的快速增长，这也使大批企业开始觊觎这块蛋糕。面对将至的火热竞争，有规模优势的汇源将产品价格下调，做低利润。此举让很多想要进军果汁市场的企业望而却步,已经被汇源拉低的果汁价格使其他企业在价格上毫无优势,并且前期需要大量的宣传投入等,会大幅拉长投资回收期。因此这个策略起到了非常好的竞争壁垒作用,让众多企业知难而退。

(3)在产品销售规模进一步扩大之后,及时投放新一代的升级产品,扳回高利润状态,开启第二增长曲线(如下图所示),进一步甩下竞争对手,继续在无竞争蓝海扩张。

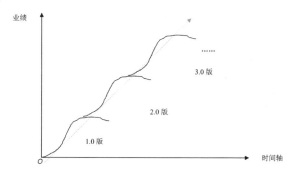

(4)通过这样持续的销售、迭代、扩大份额,企业积累了强大的品牌优势和充足的资源优势,在时机成熟的时候则可以考虑拓展新的领域,建立强势品牌群。

其实,好的竞争策略是不怕被模仿的,别人越模仿,越能巩固你的优势,提升你的影响力。当更多的企业来学习你的标准、模仿你的产品时,他们就深深地嵌套在了你定义的体系里,他们的每一分努力,都在强化你的领导地位。

关于战略大单品打造的细节还有很多,受篇幅限制,这里只将战略大单品打造的思路和框架做一个粗略的梳理,希望能对读者有所启发。

新媒体营销为传统企业插上腾飞的翅膀

1994年，我国实现与国际互联网TCP/IP全功能对接，成为全球互联网大家庭中的一员；2003年，淘宝开始落地，B2C电子商务兴起，一些传统渠道被互联网替代；2013年，第十二届全国人民代表大会把"互联网+"战略上升为国家战略，大量的产业开始寻找与互联网的结合点，自此，我们明显感觉到了互联网对于传统产业的影响与冲击。

近几年，随着互联网的发展，催生出了很多新媒体平台，一些企业借助新媒体营销异军突起，超越了行业老大。也有一些企业因为没有与时俱进而受到冲击，直至"大厦将倾"的那一刻才意识到——在数字化时代，新媒体营销已经成为绕不开的话题。因此，网络中流行起这么一句话：没有一个品牌强大到不能被挑战，也没有一个企业弱小到不能去竞争。这便是互联网时代背景下，新媒体营销赋予企业的"翅膀"。

2020年，突如其来的新冠肺炎疫情，将新媒体营销再次推向高潮。

原定于2020年大年初一在全国上映的电影《囧妈》，由于疫情的暴发不得不暂缓上映。但是徐峥导演果断做出了一个决定：以6.3亿的价格将《囧妈》线上播放权卖给字节跳动，《囧妈》于大年初一在抖音、西瓜视频、今日头条等平台向全国观众免费播放。这一决定可以说是一个扭转乾坤的英明举措，不仅使这部总投资2.2亿的电影收回了成本，也让欢喜传媒的港股大涨，而徐峥本人也获得了更高的口碑，再次圈粉无数。网友们纷纷表示："徐峥的决定真好，我们在家也可以看电影了，我们欠你一张电影票，回头给你补票去！"大年初一当天，徐峥在他的微博里也表示："我们所做的一切都是为了观众服务，在新的一天里，我如愿以偿了。"我相信，今后徐峥导演的电影，大家都会支持的。

2020年4月1日，罗永浩在抖音平台首次直播带货，超4800万人围观，销售额破亿元；2020年4月24日，一直力挺线下实体店销售模式的格力总裁董明珠女士在抖音平台首秀，直播带货；2020年5月1日，央视主持人也在抖音平台直播带货，他们风趣幽默的语言和搞笑的动作，一改往日严谨端坐的风格，如此可爱和亲切，乐翻全场。

这些事件向我们发出了强烈的信号——全民新媒体营销的时代已经到来。那么，我们应该如何理解新媒体营销？新媒体营销有什么特点？传统企业怎么借助新媒体营销为自己插上腾飞的翅膀呢？下面与读者分享一些我的看法。

什么是新媒体营销

要了解新媒体营销，首先应当从思想上发生转变。我还算是一个比较爱学习新事物的人，但是在前两年，我对新媒体也存在一些偏见，觉得刷抖音、看视频、上微博等太浪费时间，有点不务正业，也许很多人都有这样的看法。可是，当全民新媒体营销时代到来之时，我们不得不去面对这样一个新事物，不必沉迷其中，但必须要学会理解它、运用它。

在了解什么是新媒体营销之前，先来看看什么是新媒体。

联合国教科文组织对新媒体的定义是：以数字技术为基础，以网络为载体进行信息传播的媒介。

在"新媒体"这个词中，有两个关键词，一个是"新"，一个是"媒体"。所谓新媒体，首先，它是一种信息传播的媒介；其次，它相对于传统的传播媒介，具有新技术、新特征，这种"新"是相对而言的，是动态发展的，会伴随着科学技术的发展而发生变化。

未来会有哪些新媒体平台推陈出新，我们暂不可知，就目前而言，普遍谈论的新媒体主要包括网络媒体、手机媒体、数字电视等形态。当然，传统媒体在利用信息技术对自己的运营模式进行改造后，也可以变成新媒体。比如，传统的电视经过数字化改造变成数字电视，可以被看作新媒体；传统报纸升级为数字报纸后，也是一种新媒体。

接下来谈谈什么是新媒体营销。简单地理解，就是利用新媒体平台进行营销。这里同样有两个关键词：一个是"新媒体"，一个是"营销"。虽然新媒体营销是在新媒体平台上开展、借助新媒体技术工具来进行的，但它依然遵循营销的本质，不论是用传统营销方式还是新媒体营销方式，都要坚持做出好产品、传递好内容、树立好形象、为客户创造价值。

新媒体营销与传统营销的区别

前面讲到，新媒体营销与传统营销的不同主要表现在方式和工具方面，其营销本质是一样的，都是面向目标客户销售产品。因此，做出好产品、传递好内容、树立好形象、为客户创造价值，是我们在任何营销方式下都应当遵循的原则。本书中所阐述的营销力三要素（即产品、品牌、销售）中的很多方法，在新媒体营销中同样适用。

与传统营销相比，新媒体营销具有以下特点。

1. 传播速度更快

用传统的营销方式做产品宣传和品牌传播，速度慢、效率低、成本高。比如，做一份宣传海报，内容设计好之后，拿去排版、印刷，然后投放、张贴，最快也需要将近一周的时间，如果是在全国各城市投放张贴，时间则更长，而且需要投入非常多的人力、财力，成本相当高。但新媒体营销却可以做到随时随地、一秒即达。

2. 传播对象更精准

目前的新媒体平台有很多，每一个平台都有它精准的群体定位，而且现阶段多数平台都采用"算法分发"的方式推送信息，即平台数据系统会记录注册用户的每一次浏览行为，并基于此计算用户的喜好，随后向用户推送其可能感兴趣的内容。因此，企业只需要找到与自己的主流目标客户相一致的平台，并重点在这些平台上开展营销活动即可。

3. 销售区域无边界

在传统的营销方式中，线下渠道的销售有比较清晰和明确的区域边界，而在新媒体平台上的营销却打破了这个边界限制。一家小县城里的企业，同样可以借助新媒体营销，把产品卖到全省、全国，甚至全球。

4. 销售渠道交叉融合

传统营销方式中，销售员是销售员，客户是客户，媒体是媒体，每个人都有明确的身份定位。然而在新媒体营销中，这些身份交叉了、融合了，销售员本身可能就是一个自媒体；客户不仅可以是产品使用者，也可以成为产品销售者；媒体也不仅能为企业做广告，还可以成为带货的销售渠道。

5. 品牌创造权更多地交给了客户

新媒体平台相对于传统的营销渠道而言，具有更强的开放性和互动性。在平台上，大家可以自由发言、相互讨论、随意转发。品牌内容由企业单向输出变成了企业与客户之间双向互动。甚至是客户与客户之间的多边互动，在这个讨论、转发的过程中，品牌内容快速发酵、裂变，最后的结果很可能就是众多客户对品牌的集体投射，这是企业方无法控制的。

6. 新媒体具有放大镜的效果

在新媒体营销中，产品、企业、企业的关键人物都被放在了公众的监督之下，好的信息会被放大，不好的信息也会被放大。一个好产品，只要有一百个核心客户帮忙扩散它的好，这款产品便可在短时间内迅速爆红。一位企业领导者，如果生活中出现了某些瑕疵，也很有可能在新媒体平台上被无限放大，甚至拖垮整个企业。

7. 新媒体营销建立信任更难

人们常说："见面三分情。"我对这句话的理解是：见面沟通、真实陪伴，才是建立人与人之间信任的最有效的方法。在传统的营销方式中，线下实体店的经销商和业务人员，客户一般都见过，知道他们叫什么名字、人品如何，在真实的相处中，客户就比较容易建立起信任。而在新媒体平台上，这一点是很难具备的。虽然新媒体营销有诸多优点，但是它的不足之处也不能回避，要采取合适的方式去弥补这种不足，扬长避短。

新媒体营销平台的选择

在新媒体平台上开展营销活动，首先要选择适合自己的新媒体平台。当前，新媒体平台层出不穷，种类繁多，有门户网站、搜索引擎、淘宝、微博、微信、抖音、快手，还有各种 App 等，如果每个平台都去做营销活动，一定做不好。

本书第三章讲过"精准传播"的理念，即明确自己的目标消费群体和产品应用场景，并选择对应的传播渠道和时间集中传播，同时，努力做到让客户来为你传颂。在新媒体营销中，这条理念依然适用。

那么，我们该如何选择适合自己的新媒体平台呢？有几个选择标准供大家参考。

1. 媒体平台所覆盖的人群与企业的目标客户是否匹配

对于每一个媒体平台，首先要了解其主要的人群覆盖特点，然后根据这些特点去匹配企业的目标客户画像，这样才能确保品牌传播和营销活动更精准、更有效。

比如，数字电视的开屏广告主要针对的人群是中老年人和家庭主妇；据百度发布的 2019 内容创作年度报告显示，在抖音平台的用户画像与特性上，60%的抖音用户拥有本科以上学历，主要集中在一二线城市，90% 都小于 35 岁，并且男女性别比例为 4:6，以女性居多；据数据智能服务商 TalkingData 发布的《发现新认知——快手用户人群洞察》的数据报告显示，62.5% 的快手用户正处于 25 岁及以下的年龄段，整体呈现年轻化，且快手用户在三线及以下城市分布的 TGI 指数高于平均水平。

2. 媒体的核心功能定位与营销活动目标是否匹配

不同的媒体，其核心功能、传播属性和运营规则是不同的，在做营销活动时，一定要根据活动的目标与要求，选择具备相应功能的适合的媒体平台。

比如，微博和QQ空间的传播是一对多的，适合做事件营销，创造话题、运营话题、传播话题，从而扩大品牌影响力；微信是基于通讯录的好友关系，有一定的信任背书，适合做社群营销，提供生活服务、发起口碑传播；论坛一般是产品的发烧友、老用户的聚集点，虽然也是针对某些话题向公众发表观点，但论坛里的讨论更专业、更具深度，适合做用户的关系维护。

3. 媒体的风格调性与品牌文化、价值观是否匹配

选择一个媒体，不仅要考虑它覆盖的人群和场景，还应当考虑这个媒体本身的风格定位与气质内涵是否与你的企业/品牌文化、价值观一致，是否与你的目标客户群体的价值观、生活习惯相契合。俗话说，"物以类聚，人以群分"，媒体的风格调性无形中也代表着你的企业/品牌形象和公信力。

为什么如此多的优秀企业愿意投入巨资上央视做广告？因为央视给人们的印象就是高权威、强实力、好品质。为什么某产品的明星代言人出现丑闻后，会导致企业股票大跌、产品销售额下滑？因为消费者会把这个明星的人品与他代言的产品品质联系起来，爱屋及乌的反面便是"恨屋及乌"。

把握新媒体营销八大操作要点

基于新媒体的特点以及新媒体营销与传统营销的不同点，企业在改变传统的营销思路，转战新媒体营销时，应当把握哪些操作要点呢？我在新媒体营销实践过程中总结了几点，供大家参考。

1. 碎片化

当前，随着人们生活和工作节奏的加快，阅读习惯也发生了很大的变化，越来越少的人能有大把的时间捧着书本进行静态沉浸式的阅读。更多的是在挤

时间，在上下班途中、晨起睡前、吃饭或上厕所等时候，在手机上进行碎片式的阅读。而且，现在每个人手机上接收到的信息量都特别大，人们有限的时间根本无法平均分配给每一个商家。

我自己就有这样的体会：在电脑或手机上查看某个内容，如果标题不能吸引我，我不会去点击；如果在3秒之内链接打不开，我会马上关闭换下一个链接；如果打开后，前十行的内容不能让我清晰了解全篇的重点，或者文字密密麻麻、黑压压一片，我会觉得无趣，然后离开。我在我的朋友和同事中做过这样的调查，90%的人表示和我有同样的体会，只有10%的人表示：如果是他感兴趣的某类专业性、权威性的文章，他会耐心看完。

因此，在新媒体上做内容传播时，也要进行碎片式的传播。在传播时间上，要见缝插针，少量多次，适应目标客户群体的碎片式阅读习惯；在内容设计上，要做到10秒就能吸引眼球，而且主题突出，重点聚焦；在文字编排上，要做到图文并茂，语言精练，使人有阅读舒适感。大家可以根据这几个标准去测试一下自己的内容。

2. 移动化

我们为什么要做新媒体营销？不是为了追赶潮流，让自己显得够时尚、够前卫，而是因为新媒体占领了绝大部分消费者的视线，所以我们想借助新媒体这个渠道进入消费者的视线，让我们的目标客户群体能够看到我们、记住我们、相信我们、选择我们，这一点，与本书前面讲的打造品牌力的观点是相通的。

接着再来思考一个问题：既然我们想要通过新媒体营销占领消费者的视线，那么，消费者的视线大部分时间停留在哪里？看到这个问题，你的脑子里是不是浮现出很多新媒体平台的名字？微信、抖音、微博、今日头条等，你觉得这些主流的新媒体平台是人们经常会关注的地方。可是，微信里的信息那么多，你会每条必看吗？今日头条里的新闻、视频，你会从头到尾看完吗？我想，你可能不会全部浏览完毕，也许你用手指往上翻了几次后，就会跳转到别的平台上去。

在如今的移动互联网时代，互联网用户更多的是用手机查阅和接收信息，这是新媒体营销移动化的表现。对于上面的问题：消费者的视线大部分时间停留在哪里？我的答案是：他们把自己视线的大部分时间留给了手机屏幕前三页的内容，也就是我们常说的"头部内容"。

结合"移动化"这个特点，在做新媒体营销的广告投放时，我们在选择好合适的新媒体平台后，就要想办法让我们的内容进入这个平台的"头部"，被更多人看到。关于这一点，不同的平台有不同的算法和推送规则，建议企业根据自身情况去与所选择的平台进行深度沟通和合作，也可以寻求第三方服务机构的帮助和支持。这些投入是企业进行品牌建设的正常支出，和我们在传统媒体上做广告一样，是必要的。虽然新媒体的营销成本相对较低，但不等于不花钱。

3. 参与感

这个时代赋予了我们更多的尊重、平等与自由，不论是在家庭教育中还是社会的主流观点，都在鼓励我们要勇敢地表达自我、展现个性。这些思想渗透进消费行为中，就体现为个性化定制、消费者维权、评论点赞等，其实这些都是参与感的体现。

新媒体平台充分抓住了这一点，在功能技术上给予用户足够多的参与机会。比如，我们在网上看综艺节目，可以在线评论、分享、点赞；在《人民日报》的公众号文章后面可以留言；弹幕技术的出现，让每一位观众的弹幕发言也成为这个节目内容创造的一部分。当人们习惯了这种参与感，而你的内容又无法创造出参与感时，那你可能就会被抛弃。因此，企业做新媒体营销，设计参与感是必须考虑的问题。

传统的营销宣传偏重于一对多的灌输，而开始做新媒体营销后，我们的思路发生了转变，我们在做每一次线上营销活动时，都会设计一个让客户能够参与进来的节点。比如，在国家宣布禁抗文件后，我们设计了一张电子海报，主题是"支持国家禁抗，我为无抗养殖代言"，通过微平台发出后，客户可以识别二维码生成自己的海报，表达自己对于禁抗的支持与心声，而且分享到朋友圈后还可以参与抽奖。这种方式让客户觉得他是在表达自己的观点，而不是替你做宣传，参与感更强，所以取得了很不错的传播效果。

4. 原创性

在以算法分发为主的信息流时代，新媒体账号内容的浏览量不再只取决于账号的粉丝数，还取决于系统对账号的友好程度。如果系统对内容不推荐，那么内容的浏览量可能就会十分惨淡。基于此，我们在做新媒体营销时要做到以下三点。

（1）坚持原创内容，防止被系统判定为"抄袭"而不被推荐。

（2）在原创的基础上尽可能兼顾娱乐性，满足互联网用户对于"新鲜""有趣"的要求。

（3）定期、持续地在新媒体平台上更新内容，增强账号的活跃度，而且内容要有一定的连贯性，让阅读者有继续看下去的欲望。

有一年我们公司开年会，我拍了个小视频发到抖音账号里，没想到竟然有9万多的浏览量，那时候我的账号"粉丝"才100多人，以往的视频浏览量基本上都是几百。这个视频的内容是这样的：我们团队里的所有伙伴都穿着公司统一定制的中山装，手扶公司统一赠送的行李箱，斜侧着身子站成一排，我从前往后拍，让人脸逐一入镜，同时配上了一首欢快的音乐。看上去没什么特别的，但是评论区的讨论特别热烈，有人问："你们是从事什么职业的啊？""你们是空乘人员吗？"更多的人在评论区讨论"谁最帅"的问题。评论越多，热度越高，系统越推荐。这个案例让我对系统推荐的规则有了更深的认识。

其实，实践才是检验真理的唯一标准，哪一类内容、哪一种形式更能提高浏览量和完播率，企业自己试一试便知。可以多策划一些内容，做各种尝试，然后放到平台上去测试，用数据说话，哪种内容形式更受欢迎，以后就以此为模板设计和推出内容。

5. 渗透化

新媒体营销中的渗透化，是指商家的产品购买信息被植入到优质的媒体内容里，客户在无购买需求的状态下浏览了内容，由于被内容打动而直接点击下单，这是新媒体营销的一种新形势，也被称为"内容电商"。这就好比在春晚的节目里或者电视剧里做植入广告，不同点在于，以前的植入广告仅仅只是一种品牌宣传手段，而内容电商则可以实现直接下单购买。

最近我在一个名叫"樊登课堂"的服务号里购买了一个音频课程——苏芒的《活出漂亮人生》。以前我购买课程，一般是先进入读书会的App，然后在知识超市里浏览、选购，但是由于知识超市里的课程太多，我很难找到自己感兴趣的或者是需要的课程。为什么这次我会在这个服务号里购买呢？因为我看了它推送的一篇标题为《身为女人，一生都在乘风破浪：当你活得漂亮，世间再无委屈！》的文章，文章主要讲了苏芒的蜕变经历，以及在这个蜕变过程中她的心得与方法。看到这里时我的心里冒出来一声感叹："哇，苏芒真了不起，她是怎么做到的？"我继续往下阅读，便看到了一份课程大纲，分为五部分，分别是：女性目标力，怎样设计漂亮人生；女性行动力，怎样实现漂亮人生；女性领导力，最漂亮的情商是智慧；女性影响力，漂亮的智商是一种财富；漂亮的幸福力，没有幸福的人生，不值得追求。看完大纲，我立刻就下单了。

在新媒体营销中运用好"渗透化"这个方法，要做到以下三点。

（1）先弄清楚你的产品要卖给谁，即产品销售对象。

（2）明确你的产品销售对象有什么痛点，你的产品能否满足这一需求。

（3）在合适的新媒体平台上投放内容，内容结构至少要包含以下部分：有吸引力的标题；提出现状，放大痛点；设立目标，给阅读者一个美好的期待；分析问题，提出解决思路；提供具体解决方案和成功案例，或者权威推荐；产品购买链接，要能够一键下单。这里要注意，下单付款时一定要方便操作，不能让客户跳转好几次页面，否则容易跑单。

这几点本质上和我们以往做销售的思路是不是一样？没错，核心思路都是一样的，只不过宣传和销售的渠道换成了新媒体平台而已，而且鉴于新媒体技术的强大，使营销方式更多样、更丰富、更方便罢了。

6. 视频化

你喜欢看视频还是看文字？是视频信息更容易被记住，还是文字信息更容易被记住？我想，大部分人会选择视频。

据 2019 年 1 月发布的《2018 抖音大数据报告》显示，抖音的国内日活跃用户突破 2.5 亿，国内月活跃用户突破 5 亿。这两年，以抖音为代表的短视频产品风靡全国。为什么短视频会迅速崛起，成为新媒体营销的重要平台？原因有三个。

（1）短视频的信息承载方式更立体、更生动，能够充分满足观众的视听感受。

（2）短视频通常为 15~30 秒，符合用户碎片式的阅读习惯。

（3）视频里是真人讲述，可信度更高。

在这种趋势下，企业的新媒体营销也应当做出相应改变，推出视频化的传播内容，风格以轻松、欢乐为主，避免枯燥的说教，同时要拥有镜头感和对象感，就仿佛是在和观众面对面聊天一样。

7. 做裂变

为什么一些企业能够借助新媒体营销实现指数型增长，用短短几年的时间创造出超越传统企业几十年沉淀的财富？是因为在互联网上，用户能够快速裂变，一变十，十变百，就像原子核发生核裂变一样，产生巨大的能量，最终引爆市场。

这里的"裂变"其实就是我们以前常说的"老带新"，老客户推荐新客户，实现快速拓客。它们的原理是一样的，但新媒体平台上的裂变速度更快、范围更广、影响力也更大。因此，我们要利用好这些特点，做好裂变营销，实现客户数量和产品销量的爆发式增长。

那么，新媒体营销中的裂变应当如何做呢？

（1）先培养一批忠诚的产品用户，像交朋友一样与他们相处，建立超强的信任关系，这些用户是裂变的"原子核"，没有他们就不要着急做裂变。

（2）启动裂变，在营销活动中设置分享、推荐环节，快速复制，精准传播。

（3）每一次裂变营销活动结束后，要对新增的用户进行维护和沉淀，把他们培养成忠诚用户、"粉丝"，成为下一次裂变的"原子核"。

在新媒体营销中，人们更愿意相信熟人的推荐。因为在互联网这个虚拟的空间里，"信任"无所依托，想让人们在海量的信息里仅凭"看了一眼"就掏出腰包，基本上很难。而裂变营销恰恰能弥补这一点，因为裂变本身就是在老用户的口碑基础上所进行的信任传递，老用户的推荐，从某种意义上来说就是一种信用担保，我们只会把自己认为好的东西分享给身边的亲朋好友。这便是做裂变的重点所在，一定要做裂变，而且最好是周期性地做。

8. 错峰传播

最后有一点小建议，虽然新媒体营销优点多多，但是过犹不及。当大家都往主流的新媒体平台上挤的时候，你不妨回过头来看一看，有哪些传统的营销渠道依然是可用的，如短信平台。毕竟我们要的是效果，只要是能将信息有效地传达给我们的目标客户，不论新媒体还是传统媒体，都可以去使用。

新媒体营销铁三角

下面来谈谈新媒体营销的三个核心要素，也是对本章内容的归纳总结，我把它称为新媒体营销铁三角。前面分享过企业核心竞争力的三要素，分别是产品、品牌和销售模式。那么，新媒体营销的核心三要素是什么呢？请看下图。

1. 极致产品

好产品是所有营销的基础，是口碑的发动机，在传统营销中是如此，在新媒体营销中更是如此。

为什么在新媒体营销中要做"极致"的产品，是因为新媒体平台上的互联网用户选择空间太大，你需要给他们足够的选择理由和传播理由。光好还不够，要极致的好。

2. 优质内容

优质内容是营销活动的呈现载体，是企业与客户进行连接的纽带，也是点燃客户传播热情的燃料。

传统的媒体广告对客户有一定的强制性，而且由于传统媒体的广告时间和版面空间有限，所以这些媒体上能承载的广告内容量也是有限的。比如墙体广告、电梯广告、电视剧中插播的广告等，只要在相匹配的媒体上持续投放一段时间，客户总能看到。但是新媒体平台不同，在同一个新媒体平台上，一分钟之内可能有数万条甚至数十万条内容更新，即使系统愿意推送，用户也可能因为第一眼不喜欢而果断划走。

因此，内容的优质程度成为新媒体营销成败的关键。这对于内容的编辑者们提出了更高的要求，内容不仅要有价值，还要兼具原创性、趣味性、互动性，同时，也要满足用户审美的要求，要有视觉效果和新鲜感。更重要的是，要持续创作出这样的优质内容。

3. 新媒体平台

新媒体平台是新媒体营销的通道，是企业产品价值和品牌价值的放大镜。

企业要找到适合自己的新媒体平台，关于如何选择新媒体平台，前面已经讲过，这里就不再赘述了。真正优秀的新媒体平台其实并不多，而且第三方服务机构都有各平台的调查数据，企业可以去参考利用。要补充的一点是：所选择的新媒体平台数量也要与企业自身的资源相匹配，如果运营团队精力有限，则不可贪大求全。

在这里分享我的一个朋友做新媒体营销的经验与心得。为什么分享他的案例呢？是因为在各种新媒体营销平台风起云涌的时候，他依然能保持冷静与理性，寻找最适合自己的新媒体平台，这一点非常可贵。

推客多米诺

关键词：小众商品，引流成本，转化率。

心得：依据自身产品的品类和特点选择新媒体渠道非常重要。

推客多米诺成立于2016年，是国内一家专注于高端多米诺骨牌的器材供应商，推客从诞生之日起，就致力于生产适用于大型多米诺活动的优质标准器材，这种定位成就了推客多米诺在专业领域的专业地位。但由于国内多米诺低端产品的泛滥，不论是传统线下渠道经营还是淘宝店运营，价格都成了零售市场的最大阻力。

为了多渠道吸引客户，推客公司从2016年就开始建立自己的微信公众号，做成了国内最强的多米诺教学体系，在腾讯、优酷、西瓜、抖音等视频网站上传了上百个原创作品，希望通过优秀的作品实现引流和转化，但最后的数据却十分惨淡。这些平台虽然有着巨大的流量，但是对于初创的推客公司来说，引流成本还是偏高，即便实现了引流，在转化这个环节也容易被价格低廉的产品吸引，转化率是一个未知数。

多米诺骨牌在玩具中属于比较小众的品类，很多孩子都会在看到多米诺视频以后产生兴趣想要购买，而完成购买的人则是家长，因为家长并不了解多米诺，所以在淘宝、京东这样的平台购买时更多的会受到价格和销量的影响。推客多米诺的客单价是290元左右，而销量头部的卖家客单价在50元左右，将近6倍的价差将90%的家长直接屏蔽。再加上孩子对玩具大多是三分钟热度，家长没有兴趣、更没有时间去了解推客多米诺的优秀品质和专业背景，所以，不论是直接在淘宝（京东）直接搜索多米诺的客户，还是经由其他平台引流到淘宝（京东）的客户，都会在最后的转化上被6倍的价差"秒杀"。

在这样的矛盾中，推客创始人张延逍静下来反思：自己做这个产品的初衷是什么？是希望让孩子认识多米诺，喜欢上多米诺，通过玩多米诺培养孩子的基础素质——专注、认真、抗挫、创新，这也是关注孩子素质教育的家长所关注的。经过这样的分析后，张延逍明确了自己的产品定位：为真正热爱多米诺的发烧友而生。最终，他决定与知乎网合作。

张延逍在知乎网建立了多米诺骨牌的专栏，专栏里收录了很多关于孩子教育、心理学和团建活动的文章。因为知乎网的用户属性就是喜欢深度阅读、高学历、高收入的一二线城市人群，这个属性恰恰和推客多米诺的产品定位高度吻合。

其实，一套近300元的玩具，价格并不是挡住客户的门槛，真正的门槛是——谁能懂你的产品价值，哪些平台上的人群更愿意花时间和耐心去了解你的产品价值。而短视频平台上的客户更多的是习惯碎片化、移动式的阅读，与推客的目标客户画像是不相符的。所以，并不是流量越大的平台越好，那些用户特质和自己产品定位吻合度高的新媒体平台才是最合适的选择。

案例分析：小米的新媒体营销

"小米"这个名字，听起来很"小清新"，但是，它却是中国商业史上的一个传奇。多年前，我们办公室的一个小伙子顶着一双熊猫眼无精打采地对我说："等了很久，还是没有抢到小米手机，一分钟就没了。"我感到不可思议，从那时起，我便开始关注这家企业，向它学习。

2013年，CCTV中国经济年度人物颁奖晚会上，董明珠与雷军的"10亿赌局"事件引发了商界热议，他们分别代表着传统制造业经济和互联网新经济，这场赌局引发了大家对于互联网时代下的营销思考。当时，小米对待该事件采取了娱乐化的应对方式，发了个微博，围绕这个赌局邀请大家来围观下注。微博内容大概是这样的："雷军董明珠#10亿赌局#，全民投注赢100台小米8。你的转发评论就是你的'下注'，5年内小米营收超格力将随时开盘，输赢我都送！

微博官方平台抽奖送出，应该公平公正吧！"这种娱乐化的方式，其实就是新媒体营销精神的一种体现，不再一本正经，而是更可爱、更亲民，甚至可以自黑自嘲。

为什么说小米是中国商业史上的一个传奇？因为它用短短十年的时间完成了很多传统企业几十年都完不成的目标。小米公司成立于2010年，2018年7月9日在香港交易所主板挂牌上市。2019年6月，小米入围2019福布斯中国最具创新力企业榜；2019年10月，2019福布斯全球数字经济100强榜发布，小米位列第56名；2019年12月18日，《人民日报》发布"中国品牌发展指数"100榜单，小米位列第30名；2020年《财富》世界500强排行榜，小米位列第422名。

当小米开发产品时，数十万消费者热情地出谋划策；当小米新品上线时，几分钟内，数百万消费者参与抢购，数亿销售额瞬间完成；当小米产品出售后，几千万消费者又积极地参与到产品的口碑传播和每周更新完善中……这些现象的背后，到底隐藏着怎样的营销逻辑？有哪些是值得传统企业借鉴的呢？

小米在产品设计、品牌传播、用户关系等方面做得都非常优秀，他们把做产品、做服务、做品牌、做销售的过程开放，让用户充分参与进来，建立一个与用户共同成长的品牌。小米内部把它总结为"参与感三三法则"：三个战略，做爆品、做粉丝、做自媒体；三个战术，开放参与节点、设计互动方式、扩散口碑事件。关于这方面的内容，感兴趣的读者可以去阅读《参与感》这本书，有较为详细的介绍。

1. 坚持做自媒体，坚持内容为王

小米开展新媒体营销的第一步，是让自己的公司成为自媒体，坚持内容为王。很多企业在微博、微信等媒体平台上发广告，会发一些"高大上"的品牌口号和宣言，而且一发就是几十条信息刷屏，导致信息过载，很容易就被用户拉黑。而小米在内容运营上讲求三点：有用、情感和互动。有用，就是不讲废话；情感，就是讲人话；互动，就是引导用户分享扩散。

小米按照一个媒体的标准来进行内容运营，建立起了依托微博、微信、QQ

空间、百度贴吧等全社会化媒体平台的自媒体矩阵。在这些平台上，小米发布的不是广告，而是作为一个自媒体所运营的内容。比如，普及手机的各种玩法，还有类似"酷玩帮""随手拍"的栏目。小米对精美图片的设计也非常重视，给内容运营团队配备了专业的设计师。

【启发】小米不仅让自己成为能够持续提供优质内容的自媒体，也发动了用户来创造和生产内容，形成了自己独特的内容运营模式。

2. 微博：创造有趣话题，激发用户参与

小米投入重兵打造专门的微博运营团队，配备了产品经理、主编、编辑、设计师和软件工程师。而且，对于那些需要长期运营的微博话题，也配备了专人来运营。

如何用微博激发用户的参与感？小米的做法是，通过内容和活动来创造话题、运营话题、传播话题。

以"我是手机控"这个活动为例。2011年8月，小米在微博上做了第一个活动——"我是手机控"，没有花一分钱推广，这个活动在很短的时间内就有100万用户参与，大家都争相来炫耀自己玩过哪些手机，以及玩手机的经历。为了方便用户参与，小米做了一个"我是手机控"的页面生成工具，用户只需要在其中的机型列表中进行选择，即可自动生成一张图片和微博文案，用户再点一下按钮，就可以把自己使用手机的历史分享到微博上去了。

【启发】这个活动没有大V转发，没有奖品刺激，其成功之处在于小米发起了一个有趣的话题，激发了人们心中那种或怀旧、或炫耀的冲动。还有一点，就是参与方式简单，维持了用户的参与热情。

3. QQ空间：撬动年轻人的传播阵地

QQ空间的用户群体，年龄大多在25岁左右。根据数据分析，QQ空间的用户很喜欢上传照片，其中用手机拍的照片比例接近70%。QQ空间在国内运营已久，用户量巨大，覆盖人群达到1.3亿，而且聚集的年轻人群对价格和性能较敏感，正好契合小米手机的目标客户定位。

因此，2013 年小米选择在 QQ 空间首发红米手机。7 月 29 日，一张"小米千元神秘产品 QQ 空间独家首发"的图片被发到了网上，引起了业界强烈关注和无限猜想。随后，小米在 QQ 空间展开了声势浩大的红米手机预约活动及价格竞猜活动，仅 30 分钟就有超过 100 万用户参与价格竞猜，开放预约后，三天内就有超过 500 万用户参与预约。发售当天，开放购买的第一秒，14.8 万用户点击购买，10 万台红米手机在 1 分 30 秒内全部售罄。

小米在 QQ 空间的活动取得成功，一方面是对其目标客户做了精准定位，且与 QQ 空间的用户高度匹配。另外，小米的活动策划抓住了年轻人的好奇心，在发售之前制造神秘感，引导用户参与价格竞猜，吊足了参与者的胃口。

4. 微信：做服务，玩创新

小米把微信作为主要服务平台来运营。在小米微信公众号里，用户可以查订单，查小米之家的位置，也可以查询关于小米产品的疑问，输入关键词，后台会自动回复。小米公众号里的粉丝增长，一部分来自官网引流，一部分来自微信自有活动推广，还有一部分来自对外合作。

鉴于微信里的一些特殊功能，小米也会做一些创意活动。比如在 2013 年 12 月圣诞节前后，小米利用微信的语音功能，做了"吼一吼"的活动，用户对着小米手机的微信公众号发一句语音消息"我爱小米手机"，就能参与。后台系统根据收到的语音音量进行分贝数排名，分贝数高的用户有机会中奖。这次活动有超过 30 万用户参与。

【启发】不同的新媒体有不同的属性和独特功能，企业在确定了新媒体平台后，应当进一步选取其中对企业最有价值的功能来为营销所用，并充分挖掘这些功能的新玩法，进行营销活动创新。

5. 论坛：沉淀粉丝，老用户的家

除了微博、QQ 空间和微信，小米论坛也是小米的新媒体营销主战场。小米论坛的营销功能定位是：用户俱乐部，老用户的家。在论坛的运营上，我觉得小米有几点值得借鉴。

（1）由于论坛里主要是老用户，所以论坛里的营销活动更注重给老用户发特权，让老用户拥有荣誉感。

（2）论坛里的用户关系管理，小米采用的是用户帮助用户、用户管理用户的方式。小米论坛的用户结构分为版主、资深用户、VIP用户、同城会等，充分调动了核心用户团队的主人翁意识。

（3）由于论坛里的用户更专业，关系更稳固，所以在设计营销活动的参与规则时，小米不是追求简单，而是反其道而行之，增加了游戏难度，设置了一定的挑战性。

【启发】新媒体营销活动没有千篇一律的固定模式，只要符合自己目标客户群体的特性，只要有效果，都可以。每个企业都可以借助新媒体技术，量身定制属于自己的营销创意。

从小米的新媒体营销案例中，我们可以总结出来：小米一方面引导用户参与产品设计，做出让人尖叫的极致产品；另一方面让自己成为自媒体，持续提供优质内容；同时，将四大主流新媒体进行组合，发挥其各自的优势功能，形成了一套完整的新媒体营销体系。可以说，小米的案例是对新媒体营销铁三角的完美诠释。

新媒体依然在快速发展，新媒体营销的方法也会随之不断变化，但是只要我们深谙营销的本质，理解了新媒体营销的逻辑，并保持敏锐的洞察力，大胆地去尝试，我相信，我们一定能做到与时俱进，跟随时代的脚步，为自己的企业插上腾飞的翅膀！